Almuth Bartl
Cornelia Nitsch

Schlecht-Wetter-Tage

... mal ohne Stress

CHRISTOPHORUS

Inhalt

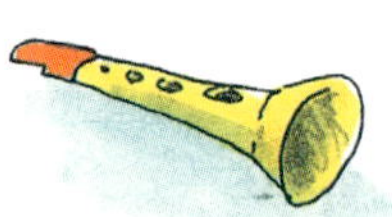

Vorwort

Schlecht-Wetter-Tage mal ohne Stress

Gute Laune trotz trübem Wetter, ausgeglichene Kinder und entspannte Eltern: Die abwechslungsreichen und schnell umsetzbaren Vorschläge machen's möglich.
Kreative Beschäftigungsideen sorgen dafür, dass aktive Kinder auch bei schlechtem Wetter eine bunte Vielfalt von Gelegenheiten haben, sich auszutoben.

Abwechslungsreiche Beschäftigung mit energiegeladenen Kindern bei schönem Wetter? Kein Problem. Aber was ist, wenn sich der Himmel zuzieht, Regentropfen an die Fensterscheiben klopfen und der helle Tag in düsterem Grau versinkt? Dann ist es allerhöchste Zeit, in diesem Buch ein paar Lichtblitze auszusuchen, die sogar solch trübseligem Wetter heitere, abwechslungsreiche Seiten abgewinnen.

Aktive Kinder kennen normalerweise keine Langeweile und lassen sich in ihrem Erlebnis- und Forscherdrang nicht bremsen. Bei Regenwetter jedoch kann es ratsam sein, die Energie und Fantasie des quirligen Nachwuchses zu kanalisieren.

In diesem Buch finden Sie jede Menge Ideen für Regenspiele im Freien, denn frische Luft tut gerade den energiegeladenen Kindern gut. Angestauter Bewegungsdrang ist übrigens die häufigste Ursache für die Unausgeglichenheit und üble Laune von Schlechtwetter geschädigten Kindern.

Für längere, graue Regenzeiten gibt es bunte, fröhliche Spiele für drinnen, die ein Kind manchmal für Minuten, manchmal für Stunden oder den ganzen Tag beschäftigen. Ganz ohne Material oder mit alltäglichen Dingen aus der Krimskramsschublade stürzen sich die Kinder mit der ihnen eigenen Neugier, ihrer Begeisterungsfähigkeit und Kreativität freudig ins Spiel. Wenn auch die Eltern und Geschwister ab und an mitspielen, wirkt sich das nicht nur auf deren Regenwetterlaune positiv aus. Das gemeinsame Spielen schweißt die Familie zusammen, bewirkt ein gutes Familienklima und schafft Geborgenheit.

Keine Chance also für Griesgram & Co., jetzt wird gespielt, experimentiert, gebastelt und geblödelt.

Hab' Sonne im Herzen

Mit guter Laune schlechtem Wetter trotzen

Und breite weit meine Flügel aus

Alter: ab 3 Jahre

Zu zweit spielen. Hintereinander aufstellen, jeweils die Arme wie zwei mächtige Schwingen zur Seite ausbreiten und dann gemeinsam durch die Wohnung „segeln", sich mal in eine Linkskurve legen, mal in eine Rechtskurve. Der erste Spieler in der Reihe gibt das Tempo und die Bewegungen vor, lässt die Arme mal aufgeregt flattern, mal ganz ruhig auf und ab schwingen, der zweite macht nach, was der Mitspieler vorgibt. Das Ganze ist fast so schön wie richtiges Fliegen.

Dieses Spiel weckt alle Lebensgeister, macht einfach gute Stimmung.

Zur schönen Aussicht

Alter: ab 4 Jahre

Ein Akrobatenkunststück. Ein Erwachsener legt sich rücklings auf den Boden, zieht seine Beine an und hält die Füße so, dass sich ein Kind bäuchlings auf die Fußsohlen legen kann. Dann gibt es dem Erwachsenen die Hände und schon startet ein erster Höhenflug: Die Knie werden langsam durchgedrückt, das Kind steigt höher und höher, gleitet etwas nach vorne und nach hinten, nach links und nach rechts. Herrlich, so ein Flug und wunderbar die Aussicht, irgendwann auf dem Bauch des Erwachsenen sanft zu landen.

Das Kunststück besteht für einen kleinen Unruhegeist vor allem darin, sich auf den Mitspieler einzustellen und nicht gleich wieder loszuzappeln.

Froh zu sein

Alter: ab 3 Jahre

Froh zu sein
bedarf es wenig,
denn wer froh ist,
ist ein König.

Ein Spiel für einen grauen Regentag. Zu zweit am Fenster stehen, in den strömenden Regen schauen und gleichzeitig lautstark, aus vollem Halse das Lied vom Frohsinn singen; dabei nicht unbedingt den gesanglichen, sondern vor allem den seelischen Gleichklang genießen – ganz unbeeindruckt von dem grauen Wetter draußen. Gemeinsamer Singsang macht nicht nur froh, sondern ist auch eine gute Möglichkeit, innere Spannungen abzubauen.

Spieglein, Spieglein an der Wand

Alter: ab 4 Jahre **Material:** Spiegel

Zu zweit oder dritt vor einem Spiegel stehen und um die Wette Fratzen schneiden. Erst fröhliche Gesichter machen, dann traurige, dann wütende, schließlich Gesichter zum Fürchten. Wer kann seine Gesichtzüge am besten in Falten legen?

Grimassen schneiden ist das Lieblingsspiel vieler Kinder, weil es nicht nur eine vergnügliche Angelegenheit ist, die eigene Mimik und Gestik im Spiegel zu entdecken und ganz bewusst zu erleben, wie sich damit spielen lässt, sondern darüber hinaus ein Stück Selbsterfahrung damit verbunden ist.

Mit den Füßen trommeln

Alter: ab 4 Jahre

Zu zweit nebeneinander auf dem Boden hocken und mit nackten Füßen auf dem Boden Geräusche machen: Schlagzeug spielen. Der Erste gibt den Rhythmus vor, trommelt mit den Fersen auf den Boden oder trippelt mit den Zehen: laut, leise, schnell, langsam. Der Zweite trommelt und trippelt mit. Nach einer Weile werden die Rollen getauscht. Gar nicht so einfach für kleine Kinder, einen eigenen Rhythmus zu finden und ihre Bewegungen aufeinander abzustimmen. Hier ist erstes Einfühlungsvermögen und Konzentration gefragt.

! Eltern-TIPP

Harmonie pur muss nicht sein

Wunderbar, wenn ein kleiner Mensch selbst an grauen Tagen fröhlich durchs Leben tänzelt – aber nur eine Freude, wenn diese gute Laune wirklich von Herzen kommt. Wird Harmonie zu Hause zum Prinzip erhoben, werden Probleme in der Familie gerne und dauerhaft unter den Teppich gekehrt, dürfen Missstimmungen einfach nicht sein und ist stattdessen dauernd Heiterkeit und positives Denken angesagt, dann lernt ein Kind vielleicht perfekt die Rolle „Ich bin ein patenter, fröhlicher Wirbelwind" zu spielen, aber seine wahren Bedürfnisse lernt es so nicht kennen. Denn neben der guten Laune zählen auch Gefühle wie Wut, Enttäuschung und Kummer zum Leben, und wichtig für eine positive Entwicklung ist, dass sie ein Kind in seiner Familie äußern darf.

Das Leben in vollen Zügen genießen

Aktiv-Spiele für hellwache Sinne

Alte Standuhr

Alter: ab 4 Jahre **Material:** weiches Kissen

Ein Akrobatenkunststück: ein Spiel für einen großen, kräftigen Erwachsenen und einen kleinen Menschen. Der Kleine versucht zuerst, auf einem weichen Kissen einen Kopfstand zu machen, lässt sich dabei von dem Großen hochheben und – Kopf nach unten, Beine in die Höhe – wie das Pendel einer alten Standuhr langsam hin- und herschwingen. Dabei ergeben sich neue Perspektiven: Wie sieht die Welt verkehrt herum aus?

Auch ein kleines Kind, besonders ein aktives, lebhaftes, mag schon spannende Spiele mit einem besonderen Kick. Der Kick heißt hier: Kann ich dem, der mich hält, wirklich vertrauen? Werde ich gut und sicher gehalten? Großes Aufatmen, wenn sich das Vertrauen als berechtigt erweist und man ganz entspannt hin- und herbaumeln kann.

Dickbäuche

Alter: ab 5 Jahre **Material:** zwei große, weiche Kissen, zwei dickere Bindfäden

Ein fröhliches Tobespiel für zwei etwa Gleichaltrige. Jedem Mitspieler ein dickes, weiches Kissen mit Strick um den Bauch binden.

Das Spiel: Mitten im Zimmer, möglichst auf Teppichboden, treffen zwei Dickbäuche aufeinander und versuchen dann – Bauch an Bauch – sich gegenseitig umzustoßen.

Hier können lebhafte Kinder ihre Kräfte zeigen, messen und gleichzeitig lernen, beim Kämpfen behutsam miteinander umzugehen – so einfühlsam, dass der Spaß ein Spaß bleibt und nicht in eine unangenehme, wüste Balgerei ausartet. Wichtig ist, dass ein Schiedsrichter das Treiben beobachtet.

Die Kissenschlacht

Alter: ab 4 Jahre **Material:** zwei Kissen

Ein langer Flur ohne Teppichboden ist ideal für dieses Wettspiel. Zwei Kinder stehen am Start, jedes hat ein großes, strapazierfähiges Kissen vor sich. Der Schiedsrichter startet das Spiel. Sofort springen die Kinder auf ihre Kissen und versuchen, darauf möglichst weit nach vorne zu rutschen. Sie stehen wieder auf, springen auf ihre Kissen und so fort, bis der Erste am anderen Ende des Flurs ankommt. Oder wir spielen Kissenwackeln: Jedes Kind sitzt auf seinem Kissen am Start und versucht, zum Ziel zu wackeln. Die Arme werden dabei vor der Brust verschränkt und das Kissen darf nicht verlassen werden.

Gackern wie ein Huhn

Alter: ab 5 Jahre **Material:** ein Kissen

Ein Spiel für vier, fünf oder sechs Spieler. Der Jüngste beginnt, liegt bäuchlings auf einem Sofa und vergräbt sein Gesicht in einem weichen Kissen. Der Zweitjüngste aus der Runde klopft ihm sanft auf den Rücken und fragt: „Was soll der tun, auf den ich zeige?" Gleichzeitig weist er auf einen weiteren Mitspieler. Mögliche Antworten: „Wie ein Huhn gackern!" Oder: „Wie ein Hase hoppeln!" Zum Schluss werden alle Aufgaben erfüllt.

Ein Spiel, das gute Stimmung macht und alle zum Lachen bringt. Das Spiel ist aber auch eine Herausforderung, denn es ist nicht immer leicht, sich neue Aufgaben auszudenken. Dabei sind Witz und Fantasie gefragt.

Wackeldenkmal

Alter: ab 5 Jahre **Material:** eine große, leichte Decke

Für zwei, drei oder vier Spieler. Der jüngste Spieler verschwindet unter der Decke und spielt Denkmal: steht auf einem Bein und streckt einen Arm aus. Oder er steht fest auf einem Bein und krümmt nur den Rücken. Oder er geht in die Hocke und wackelt ein bisschen. Die anderen versuchen nachzumachen, was das „Denkmal" vormacht. In der nächsten Runde darf der Zweitjüngste Denkmal spielen.

Ein amüsantes Spiel, das die Beobachtungsgabe schult, Komik herausfordert und schauspielerisches Talent fördert.

! Eltern-TIPP

Neuer Schwung für die Seele

Das Gute an Schlechtwettertagen: Es bleibt mehr Zeit, das Leben zu Hause zu genießen, mehr Zeit für die kleinen Freuden des Lebens, die das vermitteln, wonach viele Kinder lechzen: Nähe, Wärme und Geborgenheit. Jedem Kind tut es gut, auch einmal in Ruhe mit den Eltern zu spielen und zu schmusen. Mit jeder Faser seines Wesen, mit seinem ganzen Körper nimmt es den innigen Kontakt mit Ihnen wahr. Diese guten Lebenserfahrungen, die bedeuten „offenbar bin ich in Ordnung, so wie ich bin", sind ein wichtiger Baustein im Fundament für ein gutes Selbstwertgefühl. Sie sorgen dafür, dass ein Kind Lebensmut entwickeln kann, sich zu Hause sicher und gut aufgehoben fühlt.

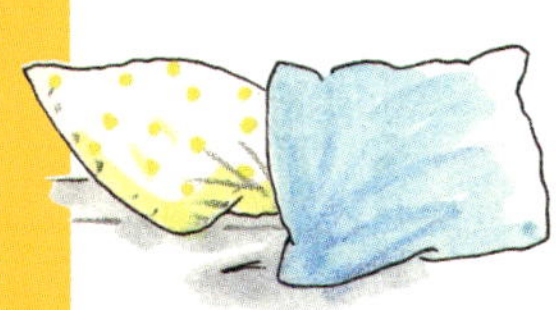

Mit Fantasie in die eigenen Gedanken versinken

Wo die Sonne nie untergeht

Auf einer einsamen Insel im Ozean ...

Alter: ab 5 Jahre **Material:** ein großes Kissen

Ein Spiel für zwei. Der jüngere Spieler hockt im Schneidersitz auf einem großen, dicken Kissen, das mitten im Zimmer auf dem Boden liegt. Das Kissen ist eine Insel. Der Mitspieler verwandelt sich in eine Wassernixe oder einen Wassermann und versucht, den Inselbewohner mit wunderbaren Versprechungen von der Insel zu locken. Er sagt zum Beispiel: „Wenn du zu mir kommst, tauche ich mit dir nach Perlen!“ Oder: „Wenn du zu mir kommst, dann suchen wir nach einem Wrack, das auf dem Meeresgrund liegt und in dem sich ein Schatz verbirgt!“ Doch der Inselbewohner schüttelt abweisend sein Haupt; er darf keine Miene verziehen und sich auch nicht bewegen. Bewegt er sich doch oder gelingt es der Wassernixe/dem Wassermann, ihn zum Lachen zu bringen, werden die Rollen getauscht.

Der Steckbrief

Alter: ab 5 Jahre

Ein Spiel für Mutter und Kind oder Vater und Kind. Beide Spieler liegen ganz entspannt und mit geschlossenen Augen auf einem Bett. Dann beginnt der Erwachsene, seinen Mitspieler von Kopf bis Fuß aus dem Gedächtnis zu beschreiben, sagt zum Beispiel: „An einem Kopf mit hoher Stirn sitzen zwei kleine Ohren mit angewachsenen Ohrläppchen. Auf dem Kopf blonde, kurze Haare und ein Mittelscheitel. Dann blaugraue Augen mit langen Wimpern. Eine Brille auf der Nase." Usw. Später werden die Rollen getauscht.

Machen Kinder mit Konzentrationsstörungen regelmäßig Spiele, die Stillhalten fordern, verringert sich das Herumhibbeln mit der Zeit oft von selbst.

Die Blumenwiese

Alter: ab 5 Jahre

Wenn ein Kind wegen des Regenwetters nicht draußen spielen mag, können Eltern die Wiese ins Zimmer holen – wenigstens in Gedanken lässt sich das machen. Wer mitspielt, stellt sich eine Wiese mit vielen bunten Blumen vor. Unter den ganz gewöhnlichen Wiesenblumen wächst eine besondere Blume, die gelb wie Honig ist, die auch nach Honig duftet und schmeckt. Was geschieht alles mit der honiggelben Blume? Wie endet der Traum von der Wiese?

Ein fantasievolles Spiel, das das Sprachvermögen schult, denn es ist nicht leicht, eine Geschichte frei zu erzählen, während des Erzählens die Spur zu halten und nicht abzuschweifen.

Trocken durch den Regen

Alter: ab 5 Jahre

Man stellt sich mit einem Spielfreund ans Fenster, schaut hinaus in den Regen, beobachtet eine Weile lang die Menschen, Tiere, Häuser und Autos und beschreibt dann, wie man dort draußen mit der Tarnkappe auf dem Kopf spazieren geht oder noch besser: spazieren fliegt! Also zuerst einmal aus dem Haus raus, dann klettert man drüben am gelben Haus über die Balkone zum Dach, hangelt sich die Dachrinne entlang, landet auf dem Vordach und so weiter. Der Spielpartner läuft, klettert und fliegt immer hinterher. Erschöpft, aber trocken schweben dann beide irgendwann wieder durchs Fenster und ruhen sich erst einmal aus, bevor die Rollen getauscht werden.

Wenn trotz Regen die Sonne scheint

Alter: ab 3 Jahre **Material:** dicker, gelber Filzstift, Zeichenpapier

Eine Sonne mit zwanzig Sonnenstrahlen zeichnen. Die Sonne auf einen Tisch legen und dann gemeinsam mit einem Kind einen Sonnenstrahl nach dem anderen mit einem Zeigefinger nachzeichnen und gleichzeitig gemeinsam überlegen, wohin welcher Sonnenstrahl fallen könnte. „Auf ein Lämmchen, das auf der Weide schläft und niesen muss, wenn der Sonnenstrahl es an der Nase kitzelt." Oder: „Auf eine Frühlingsblume, die von dem vielen Regen völlig durchnässt ist und sich freut, endlich wieder trocken zu werden."

! Eltern-TIPP

Stille macht hellhörig

Die Lieblingsbeschäftigungen von Kindern laut Umfrage: rennen, große Sprünge machen, umherwirbeln, schaukeln, klettern, balancieren und tanzen. Natürlich soll ein lebhaftes Kind toben und darf laut sein. Aber ab und zu braucht es stille Momente als Gegengewicht. Denn in der Stille entdeckt es in sich wichtige Stärken: seine Konzentrationsfähigkeit, seine Kreativität zum Beispiel und damit sich selbst. Und weil sich solche Momente in unseren hektischen Zeiten nur selten von selbst ergeben, sollten Eltern manchmal für Entspannungsmomente sorgen: Inseln der Ruhe schaffen.

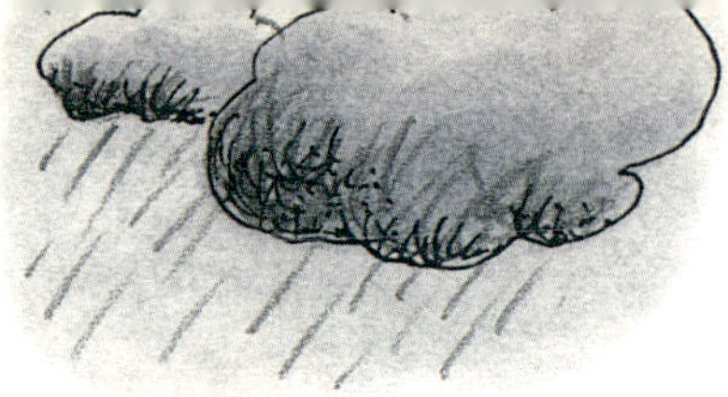

Wenn Regentropfen ans Fenster klopfen

Regenspiele und Experimente für drinnen

Regentropfen, die an mein Fenster klopfen ...

Alter: ab 4 Jahre

Eine wilde Regentropfenjagd wird veranstaltet: Man sucht sich einen Tropfen aus, der weit oben auf der Fensterscheibe gelandet ist, und verfolgt seinen Weg, bis er am unteren Scheibenrand ankommt. Da gibt es ganz schnelle, die einfach den kürzesten Weg nehmen, und dann gibt es welche, die in vielen Kurven ganz langsam die Fensterscheibe hinunterfließen. Wenn mehrere Kinder zur Regentropfenjagd antreten, kann einer mit der Stoppuhr messen, wie lange die auserwählten Tropfen für ihren Weg brauchen.

Manchem Kind fällt es heute schwer, bei einem Spiel auszuharren, nicht gleich wieder abzuspringen, um ein neues zu beginnen. Geduldspiele helfen, die eigenen Kräfte zu sammeln und Standvermögen zu trainieren.

Schöne Aussicht

Alter: ab 4 Jahre **Material:** alte Zeitungen, Wachsmalstifte, Klebestreifen, Schere

Wenn der Regen überhaupt nicht aufhören will und niemand mehr aus dem Fenster schauen mag, basteln wir uns einfach eine schöne Aussicht. Je nach Fenstergröße werden mehrere Zeichenblätter aneinander geklebt. Das Riesenblatt legt man am besten auf den Boden, den man mit Zeitungspapier abdeckt. Dann holt man bunte Wachsmalstifte heraus und malt sich eine wunderschöne Aussicht: einen Badesee vielleicht, an dem viele Kinder spielen und an dem die Sonne herrlich scheint. Ist die Zeichnung fertig, wird sie mit Klebestreifen auf der Fensterscheibe befestigt.

Die Regenwasserfilteranlage

Alter: ab 4 Jahre **Material:** Lupe, Filtertüte, Kaffeefilter, Kanne

Schon erstaunlich, was sich so alles im Regenwasser befindet! Wer es genau sehen möchte, baut sich eine Filteranlage aus einem Kaffeefilter, einer Kanne und einer weißen Filtertüte. Durch die Filtertüte wird vorsichtig etwas Regenwasser gegossen. Das gefilterte Wasser fließt in die Kanne und in der Filtertüte sammeln sich kleine Schmutzteilchen. Wer eine Lupe besitzt, kann sich die Teilchen noch ganz genau anschauen.

Aufgeweckte Kinder sind experimentierfreudig, wissbegierige Forscher. Aber auch die aufgewecktesten Kinder brauchen bisweilen einen Anstoß, damit ihre Neugierde erwacht.

Die Sink- oder Schwimmwette

Alter: ab 4 Jahre **Material:** Plastikwanne, Plastikplane

Eine Wanne voll mit Wasser wird auf eine Plastikplane gestellt. Die Kinder laufen durchs Haus und sammeln verschiedene Dinge, die sie dann neben der Wanne ausbreiten, zum Beispiel einen Bleistift, ein Stück Plastilin, einen Schlüssel, ein Plastikpüppchen und vieles mehr. Jetzt darf der jüngste Spieler fünf Gegenstände aussuchen und zu jedem einen Tipp abgeben, ob er wohl auf dem Wasser schwimmen oder untergehen wird. Er selber darf das dann auch gleich testen. Für jede richtige Vermutung gibt es einen Punkt. Wer die meisten Punkte ergattert, gewinnt.

Regenfänger

Alter. Ab 5 Jahre **Material:** leere Jogurtbecher

Alle Spieler gehen gut verpackt hinaus in den strömenden Regen und versuchen, mit leeren Jogurtbechern so viel Regen wie möglich aufzufangen. Nach fünfzehn Minuten intensiver Tropfenjagd versammeln sich alle wieder im Haus und wiegen ihre Becher mit einer Küchenwaage. Wer hat den meisten Regen gesammelt?

Ist ihre Neugier, ihre Wissbegierde erst geweckt, dann beginnen Kinder zu experimentieren. Sie machen sich auf die Suche nach neuen Aufgaben, messen zum Beispiel den Regenstand mit einem Lineal nach.

! Eltern-TIPP

Anregen ja, aber nicht bestimmen

Kinder wollen wissen, was die Welt im Innersten zusammenhält. Bausteine dieses Wissens – erste Grundkenntnisse – können sie bereits im Kindergartenalter anhand kleiner Experimente mit Alltagsgegenständen sammeln. Noch brauchen sie dabei die Begleitung Erwachsener, die ihnen brauchbares Material anbieten, sie zum Fragen anregen; darüber hinaus sollten die Älteren aber möglichst im Hintergrund bleiben und vermeiden, sich als Alleswisser und Bestimmer aufzuspielen – als große Autorität, die alle Fäden in der Hand behalten möchte. Aufgabe von Eltern ist es, Neugier zu wecken und zu befriedigen und ihre Kinder zum Nachforschen, Nachfragen zu motivieren, damit sie hinter die Geheimnisse des Lebens kommen.

Mir nach – ab nach draußen!

Ungewöhnliche Spielideen für Dauerregentage

Stühlchen, Stühlchen, du musst wandern

Alter: ab 4 Jahre **Material:** zwei Stühle, die nicht zu schwer sein sollten

Ein Kind begibt sich mit zwei Stühlen (ausrangierte Küchenstühle oder Gartenstühle) hinaus ins Freie. Dort stellt es sich auf einen Stuhl und stellt den zweiten davor. Dann steigt es auf den zweiten Stuhl, packt den ersten und stellt jetzt diesen vor sich hin. Auf diese Weise wandert das Kind trockenen Fußes über die Terrasse oder durch den Hof. Sind mehrere Kinder und entsprechend viele Stühle vorhanden, kann man auch um die Wette wandern. In Ermangelung von Stühlen können die Kinder auch mittels zweier Plastiktüten auf Wanderschaft gehen. Ein Geschicklichkeitsspiel für kleine Kinder, die dabei lernen, verschiedene Bewegungsabläufe zu koordinieren.

Die Regenschirmerfinder

Alter: ab 5 Jahre **Material:** Karton, Schere, Klarsichtfolie, Klebeband, Band, Müllsack, zwei Stöcke

Viel zu langweilig, einfach einen Regenschirm zu nehmen und damit nach draußen zu gehen. Kluge Kinder erfinden ihren eigenen Regenschutz! So könnte man zum Beispiel in einen Karton Schlitze für die Augen schneiden, den Karton bis auf die Gesichtseite mit Klarsichtfolie einhüllen, ihn überziehen und sich so in den Regen stellen. Oder man nimmt zwei Stöcke, befestigt einen aufgeschnittenen Müllsack daran und geht mit diesem Plastikdach in den Regen. Ganz egal, ob das Modell in Serie geht oder nicht: Hier zählt Erfindungsgeist, Geduld und feinmotorisches Geschick.

Das Garderobenspiel

Alter: ab 5 Jahre **Material:** Luftballons, Regenjacken, Gummistiefel

Bevor die Kinder „ab nach draußen" sausen, ziehen sich alle schnell ihre Regenjacken und die Gummistiefel an. Damit auch daraus schon ein Spaß wird, bekommt jedes Kind einen aufgeblasenen Luftballon. Dieser Ballon muss immer in der Luft gehalten werden, darf nicht den Boden berühren und darf natürlich auch nicht festgehalten werden. Wer ist zuerst fertig angezogen? Große Kinder und Erwachsene versuchen, sich ohne Zuhilfenahme ihrer Daumen anzuziehen.

Grashüpfer

Alter: ab 3 Jahre

Einer hüpft oder läuft bei Regenwetter im Zickzack vorneweg durch kniehohes, feuchtes Gras, andere sind ihm auf der Spur, auch wenn Beine und Füße dabei nass werden. Wer vorneweg läuft, erzählt gleichzeitig Gruselgeschichten von Schlangen und Fröschen, von Grashüpfern und Mäusen, von Regenwürmern und Schlangen und anderem Getier, das eventuell im Gras hocken könnte …

Eine Variante: Ein Wettrennen quer über eine Wiese mit noch höherem, feuchtem Gras machen. Nichts für zarte Gemüter, bei diesem Spiel haben die Mutigen und Abgehärteten die Nase vorn.

Pfützenspringer

Alter: ab 4 Jahre

Einer rennt vorweg, nimmt Anlauf und springt über kleine und größere Pfützen, die anderen Mitspieler machen's ihm nach.

Eine Variante, aufregender als das Pfützenspiel: Über Bäche hüpfen – immer hin und her springen oder im Zickzackkurs.

Nichts für Angsthasen, ein Spiel für mutige Hüpfer, das die Koordination verschiedener Bewegungen schult.

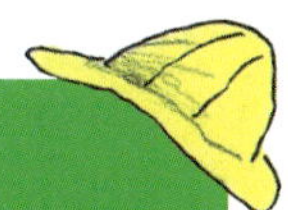

! Eltern-TIPP

Spielzeug selber machen

Selbst erfundenes, selbst gemachtes Spielzeug – vielleicht nicht das beste, vielleicht auch nicht das schönste, aber oft besonders sinnvolles Spielzeug, denn ein Kind lernt beim Hantieren mit Klebstoff, Schere, Nägeln, Papier und anderen Materialien, seine Hände zu gebrauchen und seine Geschicklichkeit zu üben. Es entwickelt seine Feinmotorik, lernt, mit den Fingern zu „denken", sorgfältig mit verschiedenen Materialien zu arbeiten und Arbeitsgänge aufeinander abzustimmen. Wer mit Werkzeug umgehen kann, gewinnt ein Stück Freiheit und damit Unabhängigkeit, kann Brauchbares selbst herstellen und vieles reparieren. Beim Basteln und Werkeln, beim Umgang mit verschiedenen Werkzeugen brauchen Kinder in der Anfangsphase allerdings Anleitung durch Erwachsene.

Wasser, Luft und Wind

Sinnesspiele im Freien, bei Wind und Wetter

Die Regenspritzen

Alter: ab 4 Jahre **Material:** Regenschirme

Zwei Spieler stehen einander im strömenden Regen gegenüber, jeder ausgerüstet mit einem Regenschirm für Kinder. Die aufgespannten, nassen Regenschirme schräg nach vorne halten und als Spritzflächen benutzen: sie schnell öffnen und schließen, damit die Regentropfen nur so in die Gegend spritzen – je schneller, desto intensiver die Spritzerei. Keinen Meter zurückweichen, sondern der Spritzerei standhalten, den Tropfen die Stirn bieten und gleichzeitig konzentriert sein und geschickt: den Schirm kraftvoll, schnell öffnen und schließen, eine feinmotorische Übung.

Tropfenfänger

Alter: ab 3 Jahre

Im strömenden Regen stehen und die Zunge so weit wie möglich herausstrecken: Den Regen auf der Zunge zergehen lassen. Wie schmeckt er?
Eine Variante: Beide Hände ausstrecken, Regentropfen mit der rechten und mit der linken Hand auffangen. Immer mehr Regen in den Handtellern auffangen, zum Schluss das Wasser zwischen den Fingern auf den Boden rinnen lassen.
Ein Spiel, das die sinnlichen Wahrnehmungen schärft: Wo hört der Körper auf, wo beginnt das nasse Element? Außerdem animiert es ein lebhaftes Kind zum Stillhalten: Eine kleine Weile ist es ganz konzentriert bei der Sache.

Nackedei im Regen

Alter: ab 3 Jahre **Material:** Gartenschlauch

Nichts ist schöner für ein kleines Kind, als nackt durch warmen Sommerregen zu tanzen und eine Regentropfenmassage zu genießen. Besonders aufregend, wenn gleichzeitig eine belebende Dusche aus dem Gartenschlauch auf den Rücken prasselt. Was fühlt sich kälter an – das Wasser aus dem Gartenschlauch oder der Regen vom Himmel? Es macht Spaß, hin- und herzuspringen und das auszuprobieren.
Zigtausende Wärme- und Kältesensoren werden bei diesem Spiel aktiviert. Die Sinne melden: warm, kalt, fest, weich. Alle Eindrücke werden im Gehirn gespeichert.

Sand- und Regenpampe

Alter: ab 3 Jahre **Material:** Sand

Bei Regen im Sandkasten spielen? Ein Riesenvergnügen im Sommer, wenn es warm ist. Fasziniert bearbeiten kleine Kinder den Schlamm, erkunden die Kleckerpampe begeistert mit ihrem gesamten Körper: Wie fühlt sich der Matsch auf der Haut an – weich wie Seife oder mehr körnig? Je begeisterter sich die Kleinen einschmieren, desto größer das matschige Vergnügen. Ältere Kinder entdecken den Matsch als interessantes, formbares Material: Wenn man nassen Sand durch die Finger tropfen lässt und das mehrmals wiederholt, entstehen schöne Tropftürme.

Die Pfützenkönige

Alter: ab 3 Jahre **Material:** Stöckchen

Mit bloßer Hand in eine Pfütze fassen und über die Haut wahrnehmen: Ist das Wasser warm oder kalt? Oder bei warmem Sommerregen barfuß durch eine Pfütze laufen: Wie fühlt sich das an, wenn der Regen auf meinen Fuß pladdert oder auf die Oberfläche des Wassers? Wie fühlt sich der Untergrund in der Pfütze an – sandig, steinig, matschig? Oder in der Pfütze Kreise drehen und beobachten, wie kleinere und größere Wellen entstehen. Oder in der Pfütze mit einem Stöckchen rühren. Oder, wenn es aufgehört hat zu regnen, das eigene Spiegelbild im Wasser entdecken.

! Eltern-TIPP

Von sinnlichen Erfahrungen zum Wissen

Mit nackten Füßen in eine Pfütze patschen, die Hand aufhalten und Regentropfen auffangen, das Wasser dann durch die Finger rinnen oder über den Handrücken laufen lassen – Spielereien, die urmenschliche, sinnliche Wünsche befriedigen. Das Bedürfnis danach beginnt früh, denn ein kleines Kind nimmt die Welt zunächst mit all seinen Sinnen wahr. Mithilfe seiner Sinnesorgane verschafft sich ein Kind die Informationen, die es braucht, um das Leben nach und nach immer besser zu verstehen. Erst später wird das Denken wichtiger: Der Verstand fügt die gerade erlebten sinnlichen Erfahrungen in seinen Wissensfundus ein, ordnet und verarbeitet sie.

Dickes Fell und nasse Füße

Regenspiele als Anti-Stubenhocker-Programm

Unter einem Regenschirm

Alter: ab 3 Jahre **Material:** großer Regenschirm

Einer hält einen aufgespannten Regenschirm in der Hand. Alle anderen stellen sich so dicht wie möglich unter den Schirm und halten sich bei den Mitspielern fest. Hat jeder ein trockenes Plätzchen gefunden, gehen alle langsam mit Trippelschrittchen hinaus in den Regen, drehen eine Runde und trippeln vorsichtig wieder zurück ins Haus. Na, ist irgendjemand nass geworden?
Wer gibt den Ton an bei diesem Spiel? Wie einigen sich Kinder darauf, wo's langgeht? Ein wichtiger sozialer Lernprozess bei diesem Spiel: verschiedene Vorstellungen aufeinander abzustimmen.

Kleine Dusche gefällig?

Alter: ab 4 Jahre **Material:** Zimmerpflanzen

Nicht nur Kindern tut es gut, im Regen draußen zu sein, sondern auch Pflanzen. Heute werden die Zimmerpflanzen eine Dusche bekommen! Die Kinder tragen die Blumentöpfe hinaus in den Regen. Mit kleinen Schwämmchen und Wattebäuschen dürfen sie zusätzlich noch die Blätter abwischen und erfahren dabei durch einen Erwachsenen, warum nicht nur Menschen, sondern auch Pflanzen einer liebevollen und sorgfältigen Pflege bedürfen. Nach ungefähr einer halben Stunde im Regen schüttelt man kurz die Tropfen von den Blättern und stellt die Pflanzen in die Badewanne oder auf eine Unterlage im Hauseingang, damit sie erst ein bisschen abtrocknen, bevor man sie wieder zurück zu ihren Stammplätzen bringt.

Grünlinge

Alter: ab 5 Jahre **Material:** 10 grüne Gegenstände, Glocke

Für dieses Spiel braucht man einen frisch gemähten Rasen und etwa zehn grüne Gegenstände, zum Beispiel einen grünen Stift, einen grünen Gummistiefel, eine kleine, grüne Plastikschüssel usw. Diese Dinge legt der Spielleiter heimlich draußen auf den Rasen. Die Kinder stellen sich dann in Regenkleidung an der Haustür auf und warten auf ihren Einsatz. Wird er gegeben, läuft ein Kind hinaus in den strömenden Regen und darf drei Minuten lang den Rasen absuchen. Ist die Zeit vorbei, läutet der Spielleiter mit einem Glöckchen, als Zeichen für den Sucher, wieder zurückzukommen. Während der zweite Spieler den Rasen absucht, flüstert das erste Kind dem Spielleiter ins Ohr, was es alles im Gras entdeckt hat.

Regenrennen im Karton

Alter: ab 5 Jahre **Material:** Kartons

Jedes Kind braucht einen Karton, der so groß ist, dass unten nur noch die Beine herausschauen, wenn man ihn sich überstülpt. Die Regenrenner stehen an der Startlinie und sollen von ihr aus in möglichst kurzer Zeit zum Ziel laufen. Orientieren können sich die Kinder dabei natürlich nur nach unten, aber der Spielleiter passt auf, dass kein Regenrenner zu weit vom Weg abkommt. Wer zuerst am Ziel ist, gewinnt. Tipp: Leichter wird es für die Regenrenner, wenn am Ziel ein Radio spielt. So können sie sich an den Geräuschen orientieren. Eine Mutprobe für kleine Abenteurer. Gar nicht so einfach, bei dem Spiel trocken ins Ziel zu kommen, nicht ins Stolpern zu geraten und sich zu orientieren, wenn man nur seine Füße sieht.

Im Gänsemarsch durch Wind und Wetter

Alter: ab 4 Jahre

Im Gänsemarsch mit Freunden durch strömenden Regen marschieren. Der Erste in der Reihe gibt das Tempo an und gleichzeitig vor, was die anderen nachmachen sollen: drei Schritte geradeaus wandern, fünf Schritte rückwärts gehen, knicksen, dienern, sechs Schritte seitwärts nach rechts usw. Zum Schluss bleiben alle mit ausgebreiteten Armen im Regen stehen und warten darauf, dass sie wachsen. Ein Spielleiter wandert von einem zum anderen, legt jedem die flache Hand auf den Kopf und verkündet, wie viele Zentimeter jeder bereits gewachsen ist.

! Eltern-TIPP

Die Abwehrkräfte stärken

Das Immunsystem eines Kindes muss trainiert werden, um funktionstüchtig zu werden. Durch Abhärtung kann man die Widerstandskräfte stärken und das bedeutet in der Praxis: bei Wind und Wetter nach draußen gehen. Wird ein Kind dagegen verzärtelt, dauernd in Watte gepackt und vor jedem Windhauch geschützt, können sich seine Abwehrkräfte nicht ausreichend entwickeln. Viel Bewegung im Freien, gesunde Ernährung, ausreichend Schlaf und eine sinnvolle, aber nicht übertriebene Hygiene sind dafür wichtig.

Gummistiefel-tango

Spaßige Aktionen mit Wasser und Gummistiefeln

Gummistiefel-Wettlauf

Alter: ab 5 Jahre **Material:** Gummistiefel

Alle Kinder entledigen sich eines ihrer Gummistiefel und stehen nebeneinander jeder auf einem Bein an der Startlinie. Der Spielleiter stellt die übrigen Gummistiefel an der Ziellinie auf. Jetzt ertönt der Startpfiff! Die einbeinigen Gummistiefelbesitzer hüpfen so schnell wie möglich zur Ziellinie, ziehen dort ihre zweiten Stiefel an und sausen, diesmal zweibeinig, zurück zum Start. Wer dort zuerst ankommt, gewinnt.

Auf einem Bein zu stehen, dann auch noch vorwärts zu hüpfen – für kleine Kinder eine motorische Höchstleistung, die erst einmal geübt sein will.

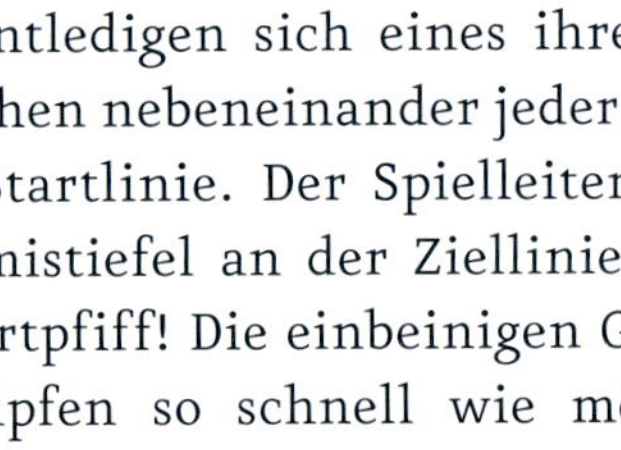

Singing in the rain ...

Alter: ab 4 Jahre **Material:** Regenschirme

Das Singen im Regen macht noch viel mehr Freude, wenn man eine bekannte Melodie quakt oder bellt, mäht oder wiehert! Entweder entscheiden sich alle Sänger für die gleiche Tierart oder jeder singt mit der Stimme seines Lieblingstieres. Das klingt dann natürlich besonders lustig. Danach mit Schwung in Pfützen springen, in den Pfützen einen Gummistiefel-Stepptanz beginnen, um Pfützen herum und gleichzeitig mit einem Regenschirm tanzen – ganz egal bei welchem Wetter. Ein Lied aussuchen, das Lied singen, gleichzeitig tanzen oder Tierstimmen imitieren, das ist eine kreative Herausforderung für kleine Kinder. Es verlangt Übung, alles unter einen Hut zu bekommen.

Schlammschlacht

Alter: ab 4 Jahre **Material:** Schwamm

Dieser Wasserspaß ist natürlich nur erlaubt, wenn alle Kinder Regenkleidung anhaben und auch der Kopf mit einer Kapuze oder einer Regenkappe geschützt ist. Ein patschnasser Schwamm ist die Hauptperson in diesem Spektakel. Einer schleudert ihn zum Nächsten, der fängt ihn auf und wirft ihn gleich mit Schwung weiter. Nach einiger Zeit wird der Schwamm wieder ins Wasser getaucht und weiter geht's. Noch lustiger wird es, wenn mehrere Schwämme ins Spiel kommen.
Eine Geschicklichkeitsübung, die schnelles Reaktionsvermögen schult.

Gummistiefel-Zielwurf

Alter: ab 4 Jahre **Material:** Glasmurmeln, Gummistiefel

Für dieses Spiel braucht man einen möglichst großen Gummistiefel. Diesen Stiefel stellt man vor einen Stuhl, klettert höchstpersönlich selbst auf den Stuhl, stellt sich aufrecht hin, streckt den Arm gerade aus und lässt nacheinander zehn Murmeln fallen. Natürlich sollen die Murmeln in den Gummistiefel plumpsen, dafür steht der ja bereit! Fertig? Später dreht man den Gummistiefel um und zählt nach, wie viele Murmeln darin gelandet sind. Das Ergebnis wird notiert und dann versucht man gleich, seinen eigenen Rekord zu überbieten.
Sinnliche Wahrnehmungen und bestimmte Bewegungen müssen koordiniert werden, um Zielsicherheit zu entwickeln.

Verstecken mit Schnecken

Alter: ab 5 Jahre **Material:** ungiftige Farbe

Schnecken lieben warmes, feuchtes Wetter. Darum ist es auch nicht schwer, im Sommerregen ein paar schöne Exemplare mit Haus zu finden. Ohne die Schnecken von ihren Wegen abzubringen, werden ihre Häuser mit einem Farbpunkt markiert. Nach ein paar Stunden gehen dann alle Kinder auf die Suche: Wie viele markierte Schnecken können sie finden? Wie weit sind sie schon gekommen? Am nächsten Tag wird dann gleich noch mal gesucht. Wie viele Schnecken können sie heute noch entdecken?

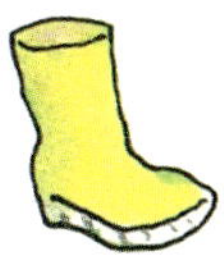

! Eltern-TIPP

Kick fürs Gehirn

Hochsprünge wagen, im Regen tanzen – besondere Reize aktivieren das Gehirn eines Kindes. Auch kleine Kinder sind dafür schon empfänglich: Sie halten begeistert die Luft an, wenn beim Spielen Spannung aufkommt, und zittern aufgeregt mit. Selbst wenn die Erregung nur Millisekunden währt, beginnt das Herz schon zu rasen und der Blutdruck zu steigen – egal ob ein Reiz von dem Empfänger als positiv oder negativ empfunden wird. Der Grund: Durch den Reiz wird nicht nur das Gehirn aktiviert, sondern gleichzeitig werden in Sekundenschnelle Erinnerungen an frühere, ganz ähnliche Erlebnisse wachgerufen, die seit langem im Gehirn gespeichert sind. Sie spielen entscheidend mit, wenn ein Kind vor Erregung errötet oder vor Schreck erstarrt. Spannende Spiele hinterlassen also Spuren, bringen das Nervensystem auf Trab.

Warum Pfützen so schön sind

Experimente und Spiele für Pfützenfreunde

Das Wunderwasser

Alter: ab 4 Jahre **Material:** Lebensmittelfarben, Stöckchen

Bevor die Freunde zum Spielen kommen, mischt man ein paar Tropfen Lebensmittelfarbe in die Pfützen. In einer Pfütze ist das Wasser dann rot, in einer blau usw. Na, da werden die Freunde aber bestimmt staunen, und alle überlegen, wie die bunten Wunderpfützen wohl entstanden sind. Eine Variante: Die Farben mischen. Erst blaue Farbe in die Pfütze spritzen, dann in die blaue Lache gelbe Farbe spritzen und beobachten, was geschieht. Oder die Farben in der Pfütze mit einem Stöckchen verrühren und beobachten, wie sich Wellen bilden, die die Farbschlieren verändern.

Sinn der Sache: mit Farben spielen, Pfützen als Experimentierfeld benutzen, dabei die eigene Beobachtungsgabe schulen und neue Erfahrungen im Umgang mit Farben und Wasser sammeln.

Schiffe versenken

Alter: ab 4 Jahre **Material:** Schraubglasdeckel, kleine Steine

Ein Deckel eines Schraubglases wird als Schiff in einer Pfütze zu Wasser gelassen. Die Kinder stellen sich alle an einer Seite der Pfütze auf und versuchen, mit kleinen Steinchen das Schiff zu versenken. Sind genügend Kinder da, kann man auch zwei Mannschaften im Wettbewerb spielen lassen. Jetzt werden zwei Boote aufs Wasser gesetzt und es gewinnt die Gruppe, die ihres zuerst versenkt hat.

Bei diesem Spiel kommt es auf Zielgenauigkeit an, auf die Fähigkeit, sinnliche Wahrnehmungen und Bewegungen zu koppeln. Kinder wollen ihre Kräfte mit anderen messen und freuen sich, wenn sie bei einem Wettkampf gut abschneiden.

Die Pfützenblubberer

Alter: ab 4 Jahre **Material:** dicke Trinkhalme

Jedes Kind bekommt einen dicken Trinkhalm und bläst damit so viel Luft in die Regenpfütze, dass das Wasser anfängt zu blubbern. Je mehr Kinder mitmachen, umso lustiger wird die Blubberei.

Ein Spiel, bei dem Kinder ihre Kräfte sinnvoll walten lassen können, denn je kräftiger ihre Puste, desto erstaunlicher das Ergebnis dieses kleinen Experiments.

Kleine Pfützenkunde

Alter: ab 4 Jahre **Material:** Kreide, Stöckchen, Lineal

Gleich nach dem Regen zieht man mit einem Stück Kreide die Umrisse der Pfütze auf dem Asphalt nach. Befindet sich die Pfütze auf weichem Untergrund, markiert man ihre Ausmaße mit Stöckchen, die man in die Erde steckt. Dann wird mit dem Lineal die Pfützentiefe an verschiedenen Stellen gemessen. Wenn dann die Sonne wieder scheint, besucht man die Pfütze mehrmals und staunt, was mit ihr geschieht: Sie schrumpft und wird flacher. Ein Spiel für Miniwissenschaftler: Sie lernen bei diesem Spiel, ihren Forschungsgegenstand genau zu beobachten, Messdaten zu erheben und Veränderungen wahrzunehmen.

Regenpfützen-Turnier

Alter: ab 4 Jahre **Material:** Gummistiefel

Das Schönste am Regen sind die Pfützen, die er hinterlässt. Darum schnell die Gummistiefel anziehen und mit Freunden zum Springturnier antreten: Zuerst werden die Pfützen der Breite nach übersprungen. Das ist gut zu schaffen. Aber dann versuchen alle, die Pfütze der Länge nach zu überspringen und da kann es schon vereinzelte Wasserspritzer geben. Ganz toll wird es, wenn alle mit Anlauf genau so in eine Pfütze hüpfen, dass das Wasser nur so spritzt.

! Eltern-TIPP

Einfach alles mal ausprobieren

Sie stapfen mit ihren Gummistiefeln durch eine Pfütze, kratzen über den glitschigen Boden, wirbeln Schlamm auf, schlagen Wellen und beobachten das, was sie da veranstalten, mit großen Augen. Kinder im Vorschul- und ersten Schulalter sind vielseitig interessiert. Der Grund: Sie sind noch frei, selbstbestimmt in ihren Entscheidungen, nicht eingeengt durch jahrelange Gewohnheiten, durch festgelegte Programme, an die sie sich anpassen müssen. In diesem Alter stürmen sie hoch motiviert, unbefangen, unbeschwert ins Leben – neugierig auf alles, was sich um sie herum tut. Ihr Drang, den Dingen auf den Grund zu gehen, bereitet ihnen dauernd Überraschungen, über die sie sich freuen können. Noch haben sie viele Spielräume, kaum Zwänge durch Schule und Erziehung und können mit unbekümmerter Freude die Welt erforschen. Aufgabe der Eltern ist es, ihnen diesen Freiraum möglichst lange zu bewahren und sie zu ermutigen, ihn zu nutzen.

Achtung, fertig, los – gleich bricht der Regen los

Aktiv-Spiele für alle Sinne

Regendusche

Alter: ab 3 Jahre **Material:** Fingerfarben

Ein Sommerspiel, ein idealer Spaß, wenn bei knallwarmem Wetter dicke Regenwolken aufziehen: Ein Kind von Kopf bis Fuß mit bunten Körperfarben bemalen; den Paradiesvogel anschließend zum Abduschen in den Regen schicken und gemeinsam beobachten, was mit den Farben geschieht: Verlaufen sie? Mischen sie sich? Im Sommer ist die Haut der beste Untergrund für einen Farbenrausch. Sinn der Aktion: Dieses besondere Farbspiel stärkt das Körpergefühl eines Kindes. Neue Eindrücke nimmt es mit dem ganzen Körper, mit allen Sinnen wahr. In Farbe rühren, Farbe verschmieren, Farbe mit Regentropfen abwaschen – neue Erfahrungen werden intensiv über die Haut wahrgenommen.

Wer fängt den Schirm?

Alter: ab 3 Jahre **Material:** Fingerfarben

Gleich wird es regnen, aber noch wird der Schirm nicht gebraucht und darum kann man schnell noch was spielen: Einer nimmt den zusammengeklappten Regenschirm, stellt ihn hin und hält ihn am Griff fest, damit er nicht umfällt. Die Mitspieler stehen etwa zwei Meter entfernt nebeneinander. Plötzlich schreit der Regenschirmbesitzer „Tina!“ und lässt den Schirm los. Tina aber stürzt zum Schirm, um ihn aufzufangen, bevor er auf dem Boden liegt. Tipp für Anfänger: Den Schirm mit der Spitze ein kleines bisschen in die Erde bohren. So dauert es länger, bis er umfällt, und die Chancen sind größer, ihn noch aufzufangen.

Die Regentropfen-Messstation

Alter: ab 6 Jahre **Material:** schwarze Tonpapiere, weiße Stifte, Lineal

Gleich bricht der Regen los? Dann schnell die Gummistiefel anziehen und ab nach draußen! Mit einem schwarzen Tonpapier fängt man die ersten dicken Regentropfen auf. Dann saust man wieder ins Haus, zieht mit einem weißen Stift Kreise um die Tropfen, damit man die Ausmaße auch noch erkennt, wenn das Wasser getrocknet ist. Die Durchmesser der größten drei Tropfen werden mit einem Lineal nachgemessen und die Ergebnisse in einem Heft mit Datum und Uhrzeit eingetragen. So kann man die Ergebnisse immer wieder vergleichen und hoffen, einmal einen Tropfen zu fangen, der noch riesiger ist als der, der gerade den Größenrekord hält.

Feuerlöscher

Alter: ab 3 Jahre **Material:** Gläser, Teelichter

Jedes Kind bekommt ein Saftglas, in dem ein angezündetes Teelicht steht. Damit gehen alle hinaus ins Freie und suchen nach idealen Plätzen, an denen ihre Lichter direkt dem Regen ausgesetzt sind, der gerade aufzieht. Jeder hat da wahrscheinlich seine eigene Vorstellung, wo es am meisten regnen wird. Dann stellen sich alle unter das Hausdach und erwarten den Regen. Es gewinnt, wessen Licht zuerst vom Regen gelöscht wird. Warten – ein Geduldspiel für quicklebendige Kinder, die ihre Probleme damit haben, einen Moment einfach still zu stehen und in den Regen zu schauen und nicht gleich wieder aktiv davonzuwirbeln.

Regentropfenmusik

Alter: ab 4 Jahre **Material:** Dosen, Töpfe, Plastikbecher, Blech, Eimer, Luftballon

Bevor es regnet, suchen wir gemeinsam verschiedene Gegenstände für die Regentropfenmusik: einen Eimer zum Beispiel, eine leere Blechdose, einen umgestülpten Jogurtbecher, ein Backblech, einen prall aufgeblasenen Luftballon und vieles mehr. Jedes Kind darf für einen Gegenstand ein lauschiges Regenplätzchen aussuchen. Sobald es zu regnen beginnt, läuft man von einem Gegenstand zum anderen und lauscht den Tropfen, die darauf klopfen. Auf welchem Gegenstand klingen die Tropfen am lautesten, wo ist der höchste, der tiefste Ton zu hören?

Ein spannendes Erlebnis für alle, die genau hinhören und staunen: Wie viel Lärm kann Regen machen? Wie hört er sich an?

! Eltern-TIPP

Veränderungen wahrnehmen

- *Gerade noch war der Weg durch den Garten staubtrocken, Minuten später, nach einem heftigen Regenguss, hat er sich in eine Schlammlandschaft verwandelt.*
- *Gerade noch flatterten die Handtücher an der Leine steif wie straffe Segel im Wind, im Regen hängen sie bald wie unansehnliche Lappen an der Leine.*

Eltern fördern die Entwicklung, wenn sie den Blick ihres Kindes schulen, es immer wieder animieren, solche Veränderungen wahrzunehmen und zu beschreiben.

Rosa, Grün und Himmelblau

Bunte Spiele für graue Tage

Rot oder wie?

Alter: ab 6 Jahre

Eine Farbe wird vorgegeben, zum Beispiel Rot. Nun nennt jeder Spieler abwechselnd einen ganz bestimmten Rotton, zum Beispiel Tomatenrot, Fuchsrot, Himbeerrot, Blutrot ... Wer kein weiteres Rot mehr nennen kann, gibt an seinen rechten Nachbarn ab. Wer das Spiel am längsten durchhält, also ganz zum Schluss immer noch ein neues Rot weiß, der darf die nächste Farbe ins Spiel bringen, beispielsweise Gelb (Zitronengelb, Maisgelb ...) oder Grün (Tannengrün, Smaragdgrün ...), Blau (Taubenblau, Stahlblau ...) oder Braun (Rehbraun, Schokoladenbraun ...).
Übrigens sind auch Neuschöpfungen erlaubt wie Briefkastengelb oder Rosinenbraun.
Ein anspruchsvolles Spiel, das das Sprachvermögen schult.

Es ist mir heut so gelb

Alter: ab 5 Jahre **Material:** Wassergläser, Malkasten, Pinsel

Für jedes Kind wird ein Glas Wasser und ein Malkasten bereitgestellt. Nun darf jeder, gemäß seiner Stimmungslage, das Wasser einfärben. Dabei geht man langsam und behutsam vor und genießt es, den Farbschlieren im Wasser zuzuschauen. Wer nicht zufrieden ist mit seiner Farbmischung, holt sich einfach noch ein Glas Wasser und fängt noch einmal an. Nachdem jeder sein Gemütswässerchen gebraut hat, versucht man den Mitspielern zu erklären, warum man dieses spezielle Farbwasser gemixt hat. Dieses Experiment kann Kinder anregen, sich mit ihren Empfindungen zu beschäftigen und das, was ihnen durch den Kopf geht, in Worte zu fassen. Keine leichte Übung!

Bunt sind alle meine Kleider ....

Alter: ab 4 Jahre

Ein Familienspiel, wenn alle um einen Tisch herumsitzen. Es vertreibt vortrefflich die Langeweile, wenn man im Restaurant aufs Essen wartet. Alle, bis auf den Spielleiter, schließen die Augen. Der Spielleiter fragt jetzt vielleicht: „Welche Farbe hat Mamas Bluse?“ Oder: „Welche Farbe hat Katrins Haarspange?“ Usw. Überraschend, welche bunten Antworten da kommen. Besonders interessant wird es auch, wenn man z. B. nach Omas (Opas, Tante Elses ...) Augenfarbe fragt. Eine Übung, die das Gedächtnis trainiert, besonders geeignet für zappelige, lebhafte Kinder, die mit der Konzentration ihre Schwierigkeiten haben.

Der einarmige Bandit

Alter: ab 5 Jahre **Material:** Legosteine, Glocke

Ein Spiel für vier. Drei erhalten jeweils zwei Legosteine (oder Bauklötze) in zwei verschiedenen Farben, vielleicht Rot und Grün. Die drei Kinder halten ihre Hände unter der Tischplatte. Wenn der vierte Spieler mit einem Glöckchen klingelt, legen alle drei Spieler einen ihrer Steine auf den Tisch. Haben alle drei Steine die gleiche Farbe, so geht der Sieg an den vierten Spieler. Sind die Farben der Steine ungleich, hat der vierte Spieler verloren und ein anderes Kind übernimmt seine Rolle.

Die blinden Fischer

Alter: ab 4 Jahre **Material:** Tischtennisbälle oder Korken, wasserfeste Filzstifte, Augenbinden

Für jedes Kind braucht man drei Tischtennisbälle oder Korken als Fische. Immer drei Fische bekommen ein gleichfarbiges Zeichen. Also gibt es beispielsweise drei rote Fische, drei grüne und drei blaue. Jeder Fischer darf sich seine Lieblingsfischsorte aussuchen. Dann werden die Fische in eine Wasserwanne gelegt und den Fischern die Augen verbunden. Abwechselnd fischt jeder blinde Fischer ein Tier aus dem Wasser und reicht es dem Spielleiter. Es gewinnt der Fischer, dessen drei Fische zuerst geangelt wurden.

! Eltern-TIPP

Einen Gang zurückschalten

Schlechtwettertage sind gute Tage, denn bedingt durch Regen und Sturm fällt manches Programm ins Wasser. Plötzlich ist überraschend Zeit vorhanden – die Stunden, die im hektischen Alltag sonst so oft fehlen. Wird diese freie Zeit vertrödelt, ganz unperfekt und ziellos dazu genutzt, mit Kind und Kegel einfach mal planlos in den Tag hineinzuleben, ohne Druck, ohne Soll, das erfüllt werden muss, dann kann die freie Zeit als Bereicherung, als Muße begriffen werden: wunderbar und heilsam, die Stunden einfach vergehen zu lassen, Wärme und Nähe zu tanken und das Zusammensein zu genießen. Solche Tage machen gute Laune – trotz des grauen Himmels und der Regenschauer. Und jeder weiß: Gute Laune hält gesund.

Ich spucke gegen den Wind

Spiele mit dem Wind und gegen ihn

Gegen den Wind spielen

Alter: ab 4 Jahre **Material:** Fußball, Federballspiel oder Frisbee-Scheibe

Einen Ball in den Wind legen. Zuschauen, wie der Wind den Ball in Bewegung setzt. Mitspielen: Den Ball verfolgen, dem Wind wieder abjagen. Den Ball mit dem Fuß erwischen und weiter schießen. Oder hoch in die Luft werfen und beobachten, ob der Wind ihn aus der Bahn weht.

Varianten dieses Spiels für ältere Kinder:

• Mit Federball und Schläger gegen den Wind anspielen: Den Ball in die Luft schlagen und versuchen, ihn mit dem Schläger wieder aufzufangen.

• Eine Frisbee-Scheibe als fliegende Untertasse gegen den Wind werfen und versuchen, sie wieder einzufangen.

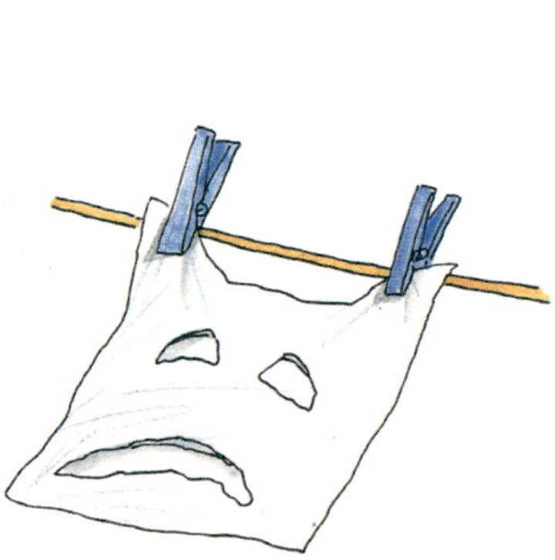

Wackeliger Eierlauf

Alter: ab 5 Jahre **Material:** ausgeblasene Eier oder Tischtennisbälle, Kochlöffel

Jeder Spieler nimmt einen Kochlöffel in eine Hand, legt auf den Löffel ein ausgeblasenes Ei und tritt dann gegen Mitspieler zum Wettlauf an. Wer schafft es, das Ei auf dem Löffel als Erster und heil ins Ziel zu bringen – besonders schwierig bei rauem Wetter, denn der Wind bläst die Eier leicht vom Löffel.

Balancieren – selbst bei geringem Wind keine einfache Angelegenheit. Das Spiel fördert die Konzentration, die Geschicklichkeit und wenn sich die Erfolgserlebnisse mehren auch das Selbstvertrauen von Kindern.

Mit dem Wind tanzen

Alter: ab 4 Jahre

Sich dem Wind hingeben. Wind von Westen, Wind von Osten – erspüren, aus welcher Richtung er weht. Die Arme seitlich ausstrecken wie Flügel und sich vom Wind vorwärts treiben lassen. Sich im Winde drehen, mit ihm tanzen und sich von ihm streicheln lassen. Die Haare im Wind flattern lassen.

Ein Spiel zum Austoben. Dauernd in Bewegung sein, das heißt auch: sich selbst spüren. Selbstgespräche halten – sich anfeuern: „Anstrengend, aber schön. Macht Spaß!" Oder: „Mir geht's gut, dieses Spiel sollte nie ein Ende haben!"

Der Schirm als Windsegel

Alter: ab 5 Jahre **Material:** Regenschirm

Ein Kräftespiel: Mit aufgespanntem Regenschirm gegen starken Wind ankämpfen, den Schirm als Windschutz vor sich und nicht über sich halten und trotzdem, obwohl man den Weg vor sich kaum sehen kann, ein Ziel ansteuern und sicher erreichen und das auch noch, ohne entgegenkommende Menschen umzulaufen. Gegen starken Wind mit aller Kraft ankämpfen, nicht schlapp machen, den Kampf gewinnen und so die Erfahrung mitnehmen, dass Anstrengung Freude machen kann.

Windige Monster

Alter: ab 5 Jahre **Material:** Wäscheleine, Klammern, Zeitungspapier, Scheren

Aus Zeitungspapier kleine und große Monster mit löchrigen Kulleraugen und riesigen Mäulern schneiden. Die Papiergeister mit Klammern an eine Wäscheleine heften und bei heftigem Wind draußen flattern lassen. Einen spannenden Wettkampf wagen: Halten die Papiermonster dem Wind stand oder zerfetzt er die Figuren? Welche Monster bewähren sich und warum können sie dem Wind am längsten trotzen?

! Eltern-TIPP

Die eigenen Ängste nicht übertragen

Ängstliche Eltern neigen dazu, ihren Nachwuchs mit Verboten wie: „Viel zu gefährlich! Warte ab, bis du älter bist!" zu bremsen. Die Folge solcher Überbehütung: Die Kinder verlieren ihren Schwung, werden mutloser, vielleicht so ängstlich wie ihre besorgten Eltern oder schlagen aus Protest extra über die Stränge. Darum sollten sich Mütter und Väter frühzeitig im Loslassen üben und sich mit Ermahnungen zurückhalten, denn auf ihrem Weg in die Selbstständigkeit brauchen Kinder Freiräume, um eigene Erfahrungen zu sammeln. Sie wollen gemeinsam mit anderen erste kleine Mutproben wagen. Lassen die Eltern sie häufiger gewähren, halten sich Fürsorge und Vertrauen in die Fähigkeiten von Sohn und Tochter die Waage, sind die Voraussetzungen gut, dass Kinder ihre ersten Abenteuer gut bestehen und davon profitieren.

Bei Wind und Wetter Abenteuer genießen

Aktivspiele unter freiem Himmel

Die Moosgänger

Alter: ab 4 Jahre

Ein Sommerspiel: nach einem Regenguss mit nackten Füßen über Moos laufen. Wie fühlt sich das Moos an – weich, kühl und feucht wie ein Schwamm? Wer traut sich, das Moosbett zu verlassen, barfuß auf rauen Wurzeln zu balancieren, über den piksenden Waldboden zu wandern, mit den Zehen Stöckchen und Gräser aufzuheben?

Im Gegensatz zu den Fingern haben die Zehen ein schwereres Dasein. Auch sie möchten spielen, werden aber dauernd in Schuhe eingesperrt. Lässt man sie dagegen häufig spielen, entwickeln sie viel Geschick und einen ausgeprägten Tastsinn. Der Grund: Die Nervenbahnen werden aktiviert, die Füße und Gehirn koppeln. Gleichzeitig werden so auch die zuständigen Gehirnzellen trainiert und das wirkt sich wiederum positiv auf die gesamte geistige Entwicklung aus.

Seiltanzen auf Baumstämmen

Alter: ab 4 Jahre **Material:** Baumstämme

Ein altbewährtes Kinderspiel, beliebt bei allen: Mit ausgestreckten Armen über einen Baumstamm balancieren – vorwärts und rückwärts, langsam und schnell, mit Niederknien und ohne. Ein Kunststück, wenn der Baumstamm besonders lang und besonders dünn ist; ein noch größeres Kunststück, wenn er gleichzeitig feucht und glitschig ist.

Bewältigen Kinder Aufgaben wie diese, machen sie die Erfolgserlebnisse mutiger. Optimistischer sehen sie kommenden Herausforderungen entgegen. Dieser Optimismus kann sich auf andere Erfahrungsbereiche übertragen.

Abenteuerspielplatz Bach

Alter: ab 4 Jahre

Steinige Bäche, nicht zu schnell und nicht zu tief, sind perfekte Abenteuerspielplätze für Kinder – abenteuerlich vor allem dann, wenn die Steine im Wasser, auf denen man balancieren möchte, nach einem Regenguss rutschig sind; wenn der erdige Hang am Bachufer, über den man klettern möchte, noch glitschig ist; wenn man den Bach, sicher an Vaters Hand, von Stein zu Stein springend, unbedingt überqueren will. Bei schmalen Bächen heißt es: Anlauf nehmen und schwungvoll über das Gewässer springen.

Tipp: Erwachsene sollten im Hintergrund bleiben, nur dann Hilfestellung geben, wenn's sein muss.

Wie Tarzan schaukeln

Alter: ab 5 Jahre **Material:** ein dickes Seil

Wie Tarzan von Baum zu Baum schwingen – das würden viele Kinder am liebsten dem Fernsehhelden nachmachen. Leider gibt es in unseren Wäldern keine Lianen. Ein Ersatzspiel: Ein dickes Seil mit festen Knoten an eine Turnstange knüpfen, an dem sich ein Kind hochziehen, mit dem es hin- und herschwingen kann. Wer kann dabei noch den schönsten und lautesten Tarzanruf ausstoßen? Beim Schaukeln am Seil übt ein Kind seine Armkraft, das Zugreifen und Festhalten.

Mauermäuse

Alter: ab 4 Jahre

Auf einem Mäuerchen balancieren, dabei das Gleichgewicht halten und genau das tun, was ein Spielleiter vorgibt: vorwärts gehen, rückwärts gehen, schneller oder langsamer gehen, hüpfen, von der Mauer springen, über Einschnitte springen. Je schneller die Vorgaben kommen, desto anstrengender die Übung. Verausgaben sich Kinder beim Spielen, ist sogar die Anstrengung gesund: bringt ihren Kreislauf in Schwung, stärkt ihre Muskeln, regt das Wachstum ihrer Knochen an.

! Eltern-TIPP

Action: Schon bei Kleinkindern beliebt

Fröhliches Kreischen belohnt einen Vater, der ein paar Pfund Kind in die Luft wirft und wieder auffängt, begeistertes Juchzen eine Mutter, die sich um ihre eigene Achse dreht und ihr Kind dabei im Kreis herumwirbelt. Bewegung ist eine lustvolle Selbsterfahrung – besonders intensiv, wenn ein Quäntchen Spannung dazukommt, dieses besondere Momentchen Luftanhalten mitschwingt, angesiedelt zwischen Bangen und Vertrauen. Starke, besonders lebenslustige Kinder sehnen diesen Kick herbei, genießen die Spannungsmomente beim Spielen – schon als Babys mögen sie diesen Kitzel, der das Nervensystem intensiv stimuliert und auf Hochtouren bringt. Aber Vorsicht: Nicht jedes Kind hat das Zeug zum Draufgänger. Bitte ein zurückhaltenderes Wesen respektieren und nicht zu wilderen Kapriolen überreden.

Cooles Wetter für coole Kinder

Bewegungsspiele, die für Wärme sorgen

Der Watschelwettbewerb

Alter: ab 5 Jahre **Material:** Schneebälle

Alle Pinguine haben an der Startlinie einen Vorrat an Pinguineiern (Schneebällen) bereitgelegt. Jetzt lädt sich jeder ein Ei vorsichtig auf seine Watschelfüße und wartet auf den Startpfiff. Sobald das Spiel gestartet wird, watscheln die Pinguine zur Ziellinie, legen dort ihre Eier ab, rennen wie normale Kinder wieder zur Startlinie, laden sich die nächsten Eier auf die Füße und so weiter. Wer bringt innerhalb von fünf Minuten die meisten Eier ins Ziel? Fällt einem Pinguin das Ei von seinen Füßen, muss er zurück zum Start und sich dort ein neues Ei auf die Füße laden.

Nicht zu langsam sein und das auch noch im Watschelgang, immer schön die Balance halten und aufpassen, dass der Schneeball nicht von den Schuhen rollt – gar nicht so einfach, damit klarzukommen.

Tanz der Schneeflocken

Alter: ab 4 Jahre

Es schneit. Alle Kinder schweben als Riesenschneeflocken draußen auf engem Raum herum. Auf ein Zeichen des Spielleiters schließen sie ihre Augen und drehen sich als leichte Flocken im sanften Wind. Stoßen zwei Schneeflocken aneinander, kleben sie zusammen und drehen sich fortan als Doppelflocke. Jedes weitere Kind, das an die Doppelflocke stößt, bleibt selbstverständlich ebenfalls haften. Es wird so lange weitergeschwebt, gedreht und getanzt, bis alle Kinder gemeinsam zum Riesenschneeball vereint sind.

Tipp: Mit Musik macht das Spiel noch mehr Spaß. Wo bin ich? Wo sind die anderen? Wo sind Grenzen? Für kleine Kinder wichtige Fragen, auf die sie beim Spielen Antworten finden.

Rutschtüten

Alter: ab 5 Jahre **Material:** Müllsäcke

Große Müllsäcke sind ideal zum Schlittern. Ihr Gebrauch ist vielseitig:

- Einer setzt sich auf die Tüte und zwei gute Freunde ziehen ihn über den Schnee.
- Man sucht sich einen kleinen Hügel, setzt sich auf die Rutschtüte und ab geht die Post.
- Ganz besonders wagemutige Kinder steigen in den Sack, ziehen ihn hoch bis unter die Arme und rutschen im Sitzen oder Liegen einen flachen Hügel hinab.

Kleine Hüpfer

Alter: ab 4 Jahre

Alle Spieler stehen nebeneinander an einer Ziellinie. Klatscht der Spielleiter dreimal hinter seinem Rücken in die Hände, machen alle drei Sprünge rückwärts. Klatscht er zweimal vor seinem Bauch in die Hände, machen alle zwei Sprünge vorwärts. So wird hin und her gesprungen – zwei-, drei- oder mehrmals, je nachdem, wie oft der Spielleiter in die Hände klatscht. Wer falsch springt, muss ausscheiden. Wer springt besonders hoch oder schwungvoll, wer besonders weit und geschickt?

Ein Kind, das körperlich erlebt hat, was „vorwärts", was „rückwärts" bedeutet, versteht in der Schule schon eher, dass „plus" mehr (vorwärts) und „minus" weniger (rückwärts) bedeutet.

Die Schneelawine

Alter: ab 5 Jahre

Besonders mutige Kids legen sich auf einem leichten Hügel quer zum Hang in den Schnee, ziehen ihre Mützen übers Gesicht und kugeln dann den Hang hinunter – aber nur, wenn weit und breit keine Schlitten zu sehen sind.

Ein tolles Vergnügen, diese ungewohnte Art sich fortzubewegen – eine ganz neue Erfahrung: „Mein Körper bewegt sich wie eine große Teigrolle!"

! Eltern-TIPP

Bewegung: Nahrung für das Gehirn

Hirnforscher haben herausgefunden, dass Menschen besonders gut lernen, wenn sie häufig in Bewegung sind. Also bitte nicht nur still sitzen und in die Bücher schauen, sondern auch rennen und hüpfen, denn die Bewegung stimuliert das Nervensystem. Nur wenn sein Gehirn laufend mit sinnlichen und motorischen Informationen versorgt wird, kann ein Kind lernen, seinen Körper in allen Facetten wahrzunehmen und sich im Raum zu orientieren. Alle körperlichen Aktivitäten werden dem Gehirn durch Sensoren, durch winzige Nervenzellen in den Gelenken, Sehnen, Muskeln signalisiert. Die Augen, die Haut, das Gleichgewichtsorgan – der gesamte Körper versorgt das Gehirn mit immer neuen Reizen und aktiviert es damit. Durch diese Rückmeldungen lernt der Körper laufend dazu; je mehr Training, desto perfekter seine Bewegungsabläufe und desto intensiver die Glücksgefühle beim Laufen, Klettern, Springen.

Wie eiskalt ist dein Händchen

Eisspiele bei klirrender Kälte

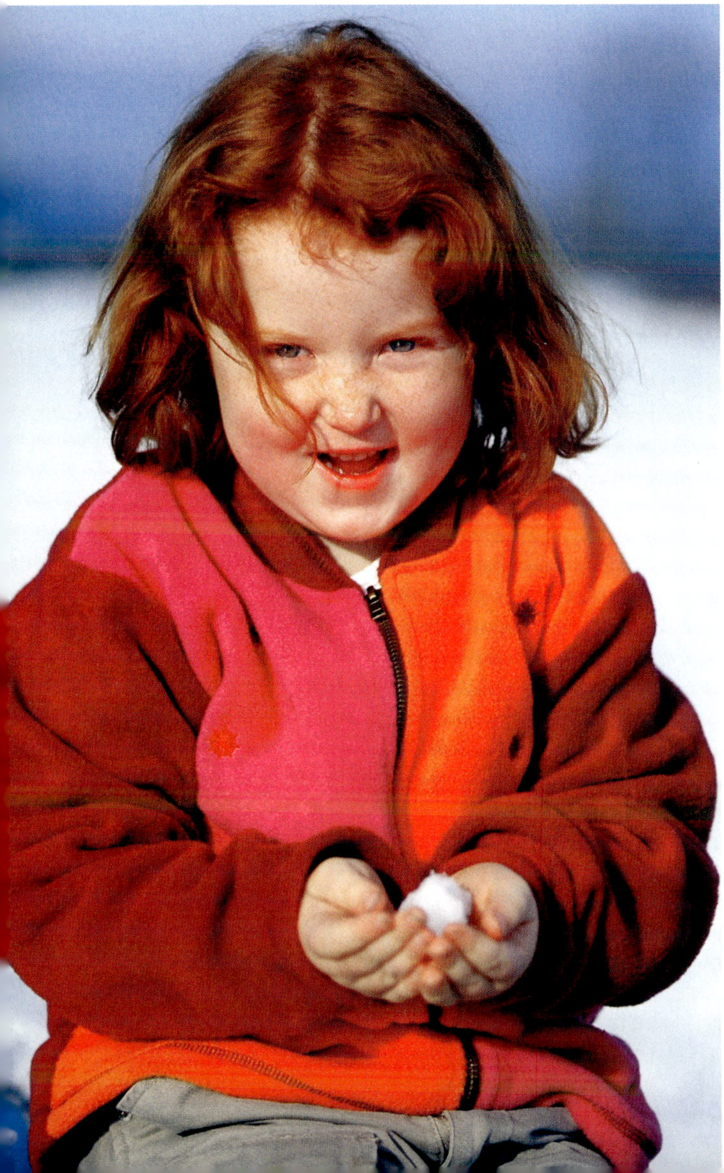

Eis am Fädchen

Alter: ab 5 Jahre **Material:** Wollfäden, Salzstreuer

Jedes Kind braucht ein Stück Wollfaden, eines nimmt zusätzlich noch einen Salzstreuer mit. Draußen sucht sich jeder ein Stückchen Eis – zum Beispiel einen Eiszapfen oder eine kleine Eisscheibe von einer Regenpfütze. Dann wird experimentiert: Man legt ein Ende seines Fadens auf das Eis und streut etwas Salz darüber. Das Salz bringt die oberste Eisschicht zum Schmelzen, es entsteht Wasser. Weil das Eis darunter aber so kalt ist, friert das Wasser sofort zusammen mit dem Fadenende ein. Man nimmt das andere Ende seines Fadens in die Hand und kann auf diese Weise sein Eisstück durch die Gegend tragen. Was lässt sich mit einem Eispendel anfangen? Einfärben beispielsweise oder das Ding gegen eine Wand schleudern, damit es in Stücke bricht – der Kreativität sind keine Grenzen gesetzt.

Eiswürfelspiel

Alter: ab 5 Jahre **Material:** Behälter für Eiswürfel, gelbe, rote, blaue Lebensmittelfarbe

Eiswürfel produzieren. In das Wasser vor dem Einfrieren rote, blaue und gelbe Farbe geben, die Eiswürfel später unter heißem Wasser aus den Behältern lösen. Das Spiel: Wer kann einen Eiswürfel in die Luft werfen und wieder auffangen, ohne dass er auf den Boden fällt und in Stücke zerbricht? Wer kann gleichzeitig mit zwei Eiswürfeln jonglieren?
Eine Variante: Jeder Mitspieler bekommt drei gelbe, drei blaue und drei rote Eiswürfel. Ruft ein Spielleiter „Lila", muss jeder Mitspieler einen roten und einen blauen Würfel in die Luft werfen. Alle schauen zu, wie die Würfel auf dem Boden zerbrechen. Ruft er „Grün", muss jeder einen blauen und einen gelben in die Luft werfen.

Das Eiswörter-Spiel

Alter: ab 5 Jahre

Während eines Winterspaziergangs nennt jeder Spieler abwechselnd ein Wort, in dem „Eis" als Grund- oder Bestimmungswort vorkommt, und sagt zum Beispiel „Eisverkäufer" (oder Zitroneneis, Eisschnelllauf, ...). Wer kein neues Wort mehr weiß oder eines nennt, das schon einmal an der Reihe war, scheidet aus. Wer am längsten durchhält, gewinnt und darf das nächste Wort vorgeben. Diesmal vielleicht „Schnee" (oder Pulverschnee, Schneebesen ...) oder „Wald" (Waldweg, Fichtenwald, Waldameise ...). Die wenigsten Kinder lieben Spaziergänge: viel zu langweilig für ungeduldige Geister. Die Sache wird schon spannender, wenn unterwegs gespielt wird und es dabei auf kluge Köpfchen ankommt.

Pappeln

Alter: ab 5 Jahre **Material:** Pfeife, Bindfaden, für jeden Mitspieler ein Stück Pappe

Auf einer vereisten Spielfläche sitzen alle Kinder auf ihren Pappeunterlagen an der Startlinie. Viele Meter entfernt ist mit einem Bindfaden ein Zielkreis markiert, in dem eine Pfeife liegt. Sobald das Startzeichen gegeben wird, rutschen die Kinder so schnell wie möglich zum Zielkreis. Wer dort zuerst ankommt, pfeift ganz kräftig auf seinen Sieg. Kinder wollen bei Wettkämpfen ihren Ehrgeiz befriedigen und natürlich gewinnen. Gut, wenn sie gleichzeitig lernen, die Leistung generell zu respektieren, egal ob einer gewinnt oder verliert. Allein das Mitmachen zählt schon.

Eisbrecher

Alter: ab 3 Jahre **Material:** gefrorene Pfützen

„Eisbrecher" spielen ist ein tolles Vergnügen. Man sucht sich dazu Regenpfützen, die über Nacht eine dünne Eiskruste bekommen haben. Dann tritt man vorsichtig das Eis entzwei und genießt die Knirsch-, Krach- und Quietschgeräusche, die dabei erzeugt werden. Kleine, hauchzarte Eisscheiben kann man vorsichtig von der Wasseroberfläche abheben und damit die leicht verschwommene und verzerrte Welt um sich herum betrachten.
Dass sie sich trotz Eiseskälte draußen austoben können, ist vielen Kindern heute nicht mehr klar. Im Winter leiden sie verstärkt unter Bewegungsmangel. Dem können Eltern entgegenwirken, wenn sie ihre Sprösslinge an die Hand nehmen, mit ihnen hinausgehen und tolle Spiele spielen.

! Eltern-TIPP

Nach dem Toben ausgeglichener

Jedem Kind tut es gut, sich nach Herzenslust auszutoben – bekannt ist, dass man durch Bewegung fit wird, Leib, Seele und auch Geist davon profitieren. Ein weiterer Grund spricht dafür, auch im Winter viel draußen zu sein: Wenn ein Kind bei jedem Wetter klettert, rennt, schaukelt und springt, entwickelt es dank dieser Ausdauer nicht nur ein gutes Gefühl für Höhe und Tiefe, für Schnelligkeit und Langsamkeit, für Weite und Ferne, sondern ist einfach ausgeglichener: Es findet eher seine innere Mitte als ein notorischer Stubenhocker.

Besser als Sand: Schnee-matsch

Spiele für Baumeister, Forscher und Bewegungskünstler

Die Schneeballmaler

Alter: ab 5 Jahre **Material:** Schneebälle

Eine fensterlose Garagenwand wäre ideal für diese kalte Kunst. Die Spieler stellen sich etwa fünf bis zehn Meter von der Wand entfernt an einer Linie auf und überlegen zuerst gemeinsam, was sie an die Wand „malen“ wollen, vielleicht ein Auto. Dann werfen sie ihre Schneebälle abwechselnd so, dass die Form eines Autos an der Wand entsteht. Bei diesem Spiel macht es Sinn, Schneebälle zu werfen, denn wieder ist Zielgenauigkeit gefragt.

Im Schneeflockenmuseum

Alter: ab 5 Jahre **Material:** Lupe, schwarzes Tonpapier

Wer meint, alle Schneeflocken sähen genau gleich aus, der wird in diesem Spiel sein weißes Wunder erleben! Ein schwarzes Tonpapier wird für etwa eine Stunde in den Gefrierschrank gelegt. Dann holt man das Tonpapier heraus, saust ins Freie und fängt damit viele Schneeflocken auf. Die Flocken schmelzen nicht so schnell, weil ihr Landeplatz ja auch eiskalt ist. Mit einer Lupe werden die Flocken dann ganz genau betrachtet. Alle Schneeflocken bestehen aus sechs Strahlen oder haben sechs Seiten, aber jede Flocke sieht ein bisschen anders aus.

Einen Moment ganz bei der Sache sein, genau hinschauen, die Geduld nicht verlieren – ein Spiel, das die ganze Aufmerksamkeit eines Kindes fordert.

Ein Gesicht für den Schneemann

Alter: ab 5 Jahre **Material:** Stock, kleine Steine

In den frischen Schnee wird mit einem Stock ein Kreis als Kopf des Schneemannes gezeichnet. Wer will, „malt“ noch einen Hut und Ohren dazu. Ein Kind steht etwa zwei Meter vom Schneemanngesicht entfernt an der Abwurflinie. Es bekommt sieben Steine und wirft sie von der Linie aus in den Kreis, um dem Schneemann ein Gesicht zu geben: Zwei Steine bilden die Augen, ein Stein die Nase und die restlichen vier Steine sollen den Mund ergeben. Klar, dass die Steine nicht immer dort landen, wo man sie gerne hätte, und darum bekommen die Schneemänner lustige Gesichter.

Die Schneewannenschlacht

Alter: ab 4 Jahre **Material:** Plastikwanne, Schnur

An einer Plastikwanne wird ein Stück Schnur von etwa drei Metern Länge befestigt. Ein Kind nimmt das Ende der Schnur in die Hand und zieht die Wanne über den Schnee. Die anderen Mitspieler stehen nebeneinander an einer Abschusslinie, jeder hat sich mit drei Schneebällen für die Schneewannenschlacht gerüstet. Sobald das Kind mit der Wanne in einigen Metern Abstand an den Spielern vorbeiläuft, versuchen die anderen, ihre Schneebälle so abzuwerfen, dass sie in der Wanne landen. Warum das nicht einfach ist? Die Bewegung der Wanne ist vor dem Werfen zu berechnen und das heißt: anders zielen als gewohnt. Wer einen Treffer landet, wird mit Applaus von den Mitspielern belohnt.

Der Kullerturm

Alter: ab 4 Jahre **Material:** Schnee

Aus Schnee wird ein Hügel gebaut und mit den Händen festgeklopft. Dann drückt man vom Gipfel her eine Kullerbahn spiralförmig in den Schneehügel. Diese Bahn muss sehr fest sein, damit die Murmeln, die man hier hinuntersausen lässt, auch wirklich gut rollen. Mehrere Testversuche sind sicherlich nötig, bis der Kullerturm einsatzbereit ist.

Die Statik des Turms muss stimmen und seine Konstruktion, wenn das Spiel funktionieren soll – keine einfache Aufgabe für kleine Baumeister, die es hier zu bewältigen gibt.

! Eltern-TIPP

Schnee – ein sinnliches Abenteuer

Ein Kind ist der Natur nahe. Neugierig beißt es in einen Schneeball oder schmeißt sich mit Wonne in die weiße Pracht. Mit allen Sinnen nimmt es den Schnee wahr: Wie seltsam er knirscht. Wie weiß er glitzert. Wie weich er sich anfühlt. Weit mehr als mit Augen und Ohren nimmt es die Welt durch seine Haut wahr. Die Haut umschließt seinen Organismus wie eine Schutzschicht, trennt seine Innenwelt von der Außenwelt und ist gleichzeitig eine „Antenne“ für vielfältige Eindrücke. Sie braucht Reize wie das Streicheln, Klopfen, Reiben, denn ohne diese durch die Haut laufenden Sinneseindrücke könnte ein Kind nicht gedeihen. Nervenstränge leiten Empfindungen an das Gehirn weiter – Empfindungen wie KALTER SCHNEE oder WEICHER SCHNEE. Je angenehmer diese Empfindungen sind, desto besser prägen sie sich ein.

Spiel dich gesund

Abwechslungsreiche Spielideen für kranke Kinder

Kissensport

Alter: ab 5 Jahre **Material:** kleines Kissen

Mit einem kleinen Kissen kann man sich, vorausgesetzt, man ist schon wieder auf dem Wege der Besserung, im Bett prima selbst beschäftigen: Zuerst wirft man das Kissen hoch und fängt es mit beiden Füßen auf. Dann schleudert man es mit den Füßen in die Luft und fängt es mit den Händen auf. Schwierig wird es, wenn man das Kissen mit den Füßen in die Luft wirft und es ebenfalls mit den Füßen wieder auffängt. Natürlich versucht man, das Kissen immer höher und höher zu werfen, bis es schließlich an die Zimmerdecke stößt.

Eine andere Möglichkeit: Das Kissen auf dem Kopf balancieren, den Kopf nach rechts, nach links drehen – wann rutscht das Kissen vom Kopf?

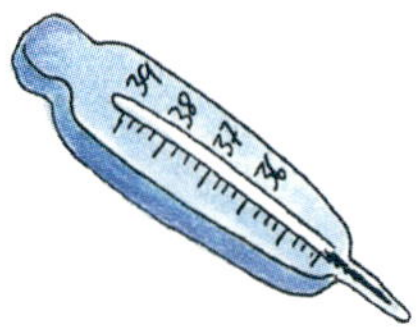

Schneeigel für kranke Mäuse

Alter: ab 5 Jahre **Material:** Backblech, Schüssel mit Schnee, kleiner Zweig mit Nadeln

Wenn man zu krank ist, um draußen im Schnee zu spielen, wird der Schnee einfach ans Krankenbett serviert! Auf einem Backblech gibt es eine kleine Schüssel voll Schnee und dazu noch ein Zweiglein von einem Nadelbaum. Der Schnee wird zu einer Igelform festgeklopft und dann steckt man dem Burschen jede Menge Stacheln in den eisigen Körper. Für Augen und Nase eignen sich Rosinen oder winzige Steinchen. Fertig ist der Schneeigel!

Schnee ist besser als jede Knete, er regt die Kreativität, die Fantasie an. Außerdem wird beim Kneten und Gestalten die Feinmotorik geschult.

Bettchen wechsle dich!

Alter: ab 3 Jahre

Wer den ganzen Tag in seinem Bett liegen muss, dem wird es schnell langweilig. Viel lustiger ist es, wenn man von einem Bett ins andere wechselt. Wenn die anderen Familienmitglieder brav in der Schule oder bei der Arbeit sind, spielt man „Bettchen wechsle dich". Vielleicht schlüpft man zuerst mal in das rosa geblümte Bett der großen Schwester und betrachtet von hier aus die neuesten Poster von ihrem Lieblingssänger an der Wand. Danach ist das Mamabett an der Reihe, weil es hier sowieso am gemütlichsten ist, gefolgt vom Bett des großen Bruders …

Ein Spiel, das Abwechslung bringt, Geborgenheit schafft und das Gefühl von Zusammengehörigkeit verstärkt.

Das Restaurant für kranke Kinder

Alter: ab 4 Jahre **Material:** handgemalte Speisekarte

Kranke Kinder bekommen vor dem Essen eine Speisekarte vorgelesen oder eine gemalte Karte überreicht, auf der sie sich ihr Wunschmenü aussuchen können. Ganz besonders lustig wird es, wenn der Papa als Kellner auftritt und das Essen, untermalt mit allerlei Quatsch, serviert.

Eine Variante: Bei Krankheit wird besonderes Geschirr aus dem Schrank geholt, Becher und Teller, die nur bei dieser besonderen Gelegenheit aufgetischt werden.

Liebenswerte Rituale geben Kindern Halt, besonders wichtig in ungemütlichen Zeiten wie bei Krankheit.

Ich seh was …

Alter: ab 6 Jahre **Material:** Zettel, Stift

Ein krankes Grundschulkind bekommt einen Zettel, auf dem alle Buchstaben des Alphabets untereinander aufgeschrieben wurden, und einen Stift. Es schaut sich jetzt von seinem Bett aus im Zimmer um und sucht zu jedem Buchstaben einen Begriff, zum Beispiel: Armband, Bett, Creme, Decke, Einbauschrank, Fenster …

! Eltern-TIPP

Spiele, die das Stillliegen erleichtern

Kinder, die lange Zeit im Bett liegen müssen, leiden ganz massiv unter dem aufgestauten Bewegungsdrang. Darum sollten Eltern Möglichkeiten der Bewegung anbieten, sei es auch nur „Bewegung aus zweiter Hand":

- *Ein ferngesteuertes Auto durchs Zimmer donnern lassen;*
- *Zeitungspapier zu handlichen „Sommerschneebällen" knüllen und diese vom Bett aus so gegen die Wand werfen, dass sie danach im Papierkorb landen;*
- *Auf einer Unterlage, einem Tablett oder einem Backblech, Plastilin kneten;*
- *Kaugummi kauen.*

Mit Trommel und Tröte

Lärmspiele zum inneren und äußeren Aufwärmen

Nach Herzenslust Krach machen

Alter: ab 3 Jahre **Material:** Topfdeckel, Töpfe, Kochlöffel, Plastikflaschen, Plastikdose

Geräusche machen – ein Mordsvergnügen für lebensfrohe Kinder und ein Kick, den sie genießen, denn Lärm versetzt den Körper in einen angenehmen Erregungszustand.

- Mit Hingabe und aller Kraft zwei Topfdeckel gegeneinander schlagen.
- An einem Ende eines Zimmers einen Topf aufstellen und am anderen einen zweiten, dann zwischen den Töpfen hin- und herflitzen und schwungvoll mit einem Kochlöffel darauf trommeln.
- Eine Plastikdose mit kleinen und großen Knöpfen füllen, gut verschließen und kräftig schütteln.
- Eine leere Plastikflasche auf den Boden hauen.

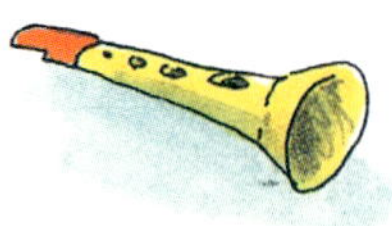

Wenn die Dampflok kommt

Alter: ab 4 Jahre

Ein museumsreifes Spiel: Zwei oder drei Kinder spielen Dampfzug und umrunden einen Tisch. Das älteste Kind aus der Runde spielt die Lok, brummt und zischt und pfeift und alle anderen brummen, zischen, pfeifen mit. Ist der Tisch umrundet, rückt das zweitälteste nach vorne, spielt Dampfer, tutet kräftig und alle anderen tuten mit. Was wird in den folgenden Runden gespielt – Traktor oder Lastwagen und welche Geräusche machen diese Fahrzeuge?

Ein Spiel, das Gemeinschaftsgefühle stärkt: Alle, die gemeinsam um die Wette Lärm machen, fühlen sich stark, weil sie dasselbe tun und das bedeutet: Wir gehören zusammen.

Der Regentanz

Alter: ab 4 Jahre

Draußen pladdert der Regen. Die Kinder hören ihm bei geöffneter Balkon- oder Terrassentür zu und beginnen dann einen Regentanz: Wie kann man Nieselregen darstellen? Vorsichtig und leise tänzeln sie auf Zehenspitzen. Und Regen, der ordentlich auf die Erde pladdert, wie kann man den darstellen? Jetzt stampfen alle mit beiden Füßen fest auf den Boden. Es macht einem Kind Freude, sich verschiedene Arten von Regen in Gedanken vorzustellen und nachzumachen. Weil die Aufgabe schwierig ist, artet das Spiel leicht in eine wüste Toberei aus. Dann heißt es: sich sammeln, sich wieder konzentrieren.

Klangmikado

Alter: ab 4 Jahre **Material:** Glocke, Rassel, Büchse, Büroklammern, Schraubglas, Murmeln usw.

Mitten im Kinderzimmer liegen lauter Gegenstände auf dem Boden, mit denen man Geräusche machen kann: eine Glocke, eine Rassel, eine Büchse mit Büroklammern, ein Schraubglas mit Murmeln usw. Drumherum sitzen die Kinder, die nacheinander jeweils einen Gegenstand aufnehmen sollen, aber bitte ohne ein einziges Geräusch zu machen. Ist das gelungen, wird mit allen Gegenständen gleichzeitig ein Riesengetöse veranstaltet.

Bellen wie die Hunde

Alter: ab 4 Jahre

Alle verwandeln sich auf Kommando, das der Älteste unter den Spielern gibt, in Tiere: zum Beispiel in Hunde, die laut bellen, oder in Gänse, die laut schnattern, oder in Pferde, die laut wiehern. In der nächsten Runde gibt der Zweitälteste in der Runde an, welche Tiergeräusche jetzt alle von sich geben sollen. Gemeinsames Lärmen stärkt das Zusammengehörigkeitsgefühl unter Kindern. Ein herrliches Gefühl, im Gleichtakt zu krähen, zu miauen oder löwenstark zu brüllen.

! Eltern-TIPP

Lautstarke Kinder – ein Zeichen, dass es ihnen gut geht

Ein Kind muss laut sein dürfen, denn es erprobt beim Trommeln, Kreischen und Juchzen seine Kräfte. Krach machen heißt: Ich bin da, nicht zu überhören, groß und stark und mit meinen Geräuschen Raum füllend. Es markiert akustisch sein Revier. Lärm ist aber auch Stress: Das Herz schlägt schneller, die Atmung wird flacher. Zuerst wird diese Erregung als positiv empfunden, auf Dauer kann eine innere Anspannung daraus werden. Das Kunststück besteht darin, die Balance zwischen den Polen zu halten: Lärm ja, aber nicht dauernd. Für Kinder ist der Wechsel zwischen LAUT und LEISE, zwischen RUHE und AKTIVITÄT Gewinn bringend. Um dieses Wechselspiel zu verwirklichen, brauchen sie Unterstützung durch Erwachsene, die dafür sorgen, dass die Lautstärke ab und an mal gedämpft wird.

Die Wolken vom Himmel holen

Ruhige Spiele zur Erholung

Wenn der Kapitän seekrank wird

Alter: ab 4 Jahre **Material:** Stofftiere

Wer mitspielt, legt sich rücklings auf den Boden und verwandelt sich in einen Schiffsrumpf. Dann legt er sich ein Stofftier auf den Bauch. Das Tier ist der Kapitän des Schiffes. Jetzt wird tief ein- und ausgeatmet – so tief und fest, dass Schiff und Kapitän zu schaukeln beginnen. Gelingt es, das Schiff so stark in Bewegung zu versetzen, dass der Kapitän ins Wasser fällt?

Bei diesem Spiel lernt ein Kind, sich auf seine Atmung zu konzentrieren und bewusst wahrzunehmen, wie kräftig es ein- und ausatmen kann – so kräftig, dass es Dinge allein durch den Atem bewegen kann.

Der Mittelpunkt

Alter: ab 5 Jahre **Material:** großes Taschentuch, Teddybär, Augenbinde

Ein Gruppenspiel. Alle, mit Ausnahme eines Kindes, bilden einen möglichst großen Kreis. Genau in der Mitte des Kreises wird ein Taschentuch ausgebreitet. Dies ist die Heimat des Teddybären. Das übrige Kind, dessen Augen verbunden werden, bekommt den Teddy. Zuerst geht es langsam außen um den Spielerkreis herum. Dann betritt es den Kreis und soll den Teddy genau auf das Taschentuch setzen. Alle anderen Spieler sind mucksmäuschenstill. Erst wenn der Teddy platziert ist, darf das „blinde“ Kind die Augenbinde abnehmen und selbst nachsehen, wie gut es die Aufgabe gelöst hat. Auf jeden Fall darf es jetzt das nächste Kind bestimmen.

Wenn Federn vom Himmel schneien

Alter: ab 4 Jahre **Material:** altes Federkissen, Schere

Ein unvergessliches Spiel: Ein altes Kissen wird geopfert und aufgeschnitten. Lauter weiße Federn regnen auf ein Kind herab, das wie die Goldmarie aus dem Märchen oder wie Sterntaler versucht, die Federn in seinem Hemd aufzufangen. Vor dem zugegeben etwas lästigen Aufräumen darf mit den Federn gespielt werden: Sind sie wirklich federleicht? Wie fühlen sie sich auf der Haut an? Zum Schluss wird zur Erinnerung an dieses sinnliche Vergnügen ein Foto gemacht.

Sportschau in Zeitlupe

Alter: ab 5 Jahre

Alle Spieler werden zu Sportlern, die jetzt in Zeitlupe miteinander turnen dürfen. Ein Spieler turnt vor und die anderen machen alles ganz genauso nach: Langsam, ganz langsam heben sie ihre Arme, strecken sie hoch in die Luft und brauchen mindestens noch eine Minute, bis sie mit ihren Armen einen weiten Kreis beschrieben haben. Vielleicht ist danach noch eine Zeitlupenkniebeuge an der Reihe und ein paar andere Übungen, die dem Vorturner einfallen, bis schließlich alle Zeitlupenturner erschöpft auf dem Boden liegen und sich ausruhen. Sehen und verstehen, was der Vorturner macht, ihm nacheifern und das Wahrgenommene gleichzeitig in eigene, ganz langsame Bewegungen umsetzen, eine Übung, die Körperbeherrschung und Koordinationsvermögen verlangt.

Das Flüsterspiel

Alter: ab 4 Jahre

Anspannung und Entspannung sollten im Kinderalltag wechseln. Ein Spiel für die Ruhephase: Im Kinderzimmer darf nur geflüstert werden, ganze fünf Minuten lang – aus Kindersicht eine lange Zeit. Auch schnelle Bewegungen sind in dieser Zeit nicht erlaubt, alle bewegen sich nur noch in Zeitlupe. Hinterher ist wieder Krachmachen angesagt.

! Eltern-TIPP

Die beste Entspannung

Im Kindergarten wird gelernt, erst recht in der Schule. Lernen heißt Wissen erlangen, vertiefen und verknüpfen – eine anstrengende Angelegenheit. Zur Entspannung setzen sich Kinder nach dem Lernen gern vor die Glotze oder vertiefen sich in Computerspiele. Doch es gibt sinnvollere Möglichkeiten, sich zu entspannen: Bewegung, an die frische Luft gehen, mit anderen Kindern spielen.

Weitere sinnvolle Formen der Entspannung:

- *Nach einem Spaziergang im Regen ein Bad nehmen, das angenehm duftet.*
- *Mit nackten Füßen über eine regenfeuchte Wiese gehen.*
- *Wenn die Regenwolken abgezogen sind, beobachten, wie die Sonne langsam wieder hervorkommt.*

Grips-gymnastik für Sauwetter-tage

Reaktions- und knifflige Denkspiele

Sammelsurium

Alter: ab 5 Jahre

Ein Spieler nennt eine Frage, zum Beispiel: „Womit kann man sich vor Regen schützen?“ und die Mitspieler nennen jetzt abwechselnd verschiedene Möglichkeiten, zum Beispiel: mit einem Regenschirm, mit einer Kapuze, mit einem Hut, einer Plastikwanne auf dem Kopf, einer Mülltüte, oder man stellt sich unter ein Hausdach, einen Balkon ... Wer ganz zum Schluss, wenn den anderen Spielern nichts Neues mehr einfällt, noch Schutzmöglichkeiten nennt, darf die nächste Frage stellen, beispielsweise: „Womit kann man verreisen?“ Oder es wird gefragt: „Wo kannst du Äpfel kaufen?“

Langes Nachdenken ist tabu. Hier kommt es auf schnelle Einfälle an: Gymnastik für die Gehirnzellen, eine gute Sprach- und Denkschule.

Aufmerksame Nachbarn

Alter: ab 5 Jahre

Für dieses Spiel muss man möglichst viele Mitspieler zusammentrommeln, denn je mehr mitspielen, umso lustiger wird es. Alle sitzen im Kreis und schließen die Augen. Ein Spielleiter nennt nun einen Spieler beim Namen, zum Beispiel: „Timo“. Timo selbst zuckt nicht mit der Wimper, wenn er seinen Namen hört, dafür müssen seine beiden Sitznachbarn umso schneller reagieren. Wer von den beiden nämlich zuerst „hier!“ ruft, gewinnt einen Aufmerksamkeitspunkt. Am Ende des Spiels werden alle Punkte in Gummibärchen oder Ähnliches eingetauscht.

Je schneller gespielt wird, desto schwieriger die Übung. Wer sich gut konzentrieren, wer schnell reagieren kann, ist im Vorteil. Nichts für lahme Enten.

Regenreime

Alter: ab 6 Jahre

Verändert man den ersten Buchstaben von „Regen“, findet man eine Menge neue Wörter, zum Beispiel: Degen, legen, pflegen ... Wem fallen in den nächsten fünf Minuten die meisten ein? In den folgenden Spielrunden können dann Reimwörter zu „Tropfen“, „Pfütze“, „Wetter“ oder „Schnee“ gesucht werden.

Wieder ein Spiel, bei dem die Älteren den Ton angeben. Sie erklären, was Sprachspiele eigentlich sind und wecken die Lust darauf. Die Jüngeren hören erst staunend zu und wagen später erste Reimversuche.

Schlüsseldienst

Alter: ab 5 Jahre **Material:** Schloss und viele verschiedene Schlüssel

Eine Kiste, eine Kassette oder eine alte Schmuckschatulle mit funktionstüchtigem Schloss oder mit Vorhängeschloss ist ideal für dieses Spiel. In die Kiste wird eine kleine Belohnung gelegt, dann wird sie verschlossen. Der Schlüssel hängt mit vielen dicken, dünnen, langen und kurzen Kollegen an einem Schlüsselbund. Dann wird beides – Schatztruhe und Schlüsselbund – einem „Schlüsseldienst“ übergeben. Wer die Kiste öffnen kann, darf den Inhalt behalten.

Ein Geduldspiel, bei dem es auf Glück ankommt oder auf genaues Hinschauen und Überlegen.

Regen rückwärts

Alter: ab 7 Jahre **Material:** Stift, Zettel

„Regen“ ist ein besonderes Wort, weil es rückwärts gelesen auch einen Sinn ergibt: REGEN – NEGER. Solche Wörter werden jetzt gesucht. Jeder Spieler hat fünf Minuten Zeit, so viele Exemplare wie möglich auf seinen Zettel zu schreiben. Es gewinnt natürlich, wer die meisten findet. Also: Achtung, fertig, los! TOR – ROT, BEIL – LIEB, TRAB – BART, EIS – SIE ...

Für Schreibanfänger: Die Erwachsenen suchen zunächst nach den entsprechenden Wörtern, schreiben sie auf, die Kinder lesen sie dann rückwärts vor.

! Eltern-TIPP

Zum Weitermachen motivieren

Wut, Enttäuschung, Mutlosigkeit können sich breit machen, wenn das nicht klappt, was eigentlich klappen sollte – viele Kinder, vor allem die ungeduldigen, schnell gereizten Gemüter, mögen nicht weitermachen, wenn sie beim Spielen nicht mithalten können, wenn sie verlieren oder auch einfach Pech haben. Es hat wenig Zweck, ein Kind, das abspringt, zu ermahnen nach dem Motto: „Sei kein Spielverderber!“ Besser: Geduld bewahren. Vorsichtig Mut machen und Verständnis zeigen. Ganz wichtig: Das Loben nicht vergessen, wenn es einem Kind gelingt, trotz seiner Enttäuschung am Ball zu bleiben.

Jetzt rücken wir dicht zusammen

Gemeinsam spielen, Geborgenheit erfahren

Winterschlaf

Alter: ab 5 Jahre **Material:** Löffel, Kissen, Bleistift, Tube Zahnpasta etc.

Ein Kind wird zum Bären, der gerade seinen Winterschlaf hält und sich durch nichts dabei stören lässt. Er legt sich auf den Boden und schließt die Augen. Die Mitspieler tragen nun allerhand seltsame Dinge herbei, mit denen sie den schlafenden Bären zudecken. Ein Löffel wird ihm vielleicht quer auf die Stirn gelegt, ein kleines Kissen auf die Füße, ein Bleistift auf den linken Unterarm, eine Tube Zahnpasta auf die Brust usw. Der Bär darf sich nicht rühren und nur vorsichtig atmen, denn die Dinge dürfen ihm auf gar keinen Fall vom Pelz kullern. Plötzlich aber erwacht der Bär, springt auf und versucht, ein Kind zu packen, das dann zum Bären wird.

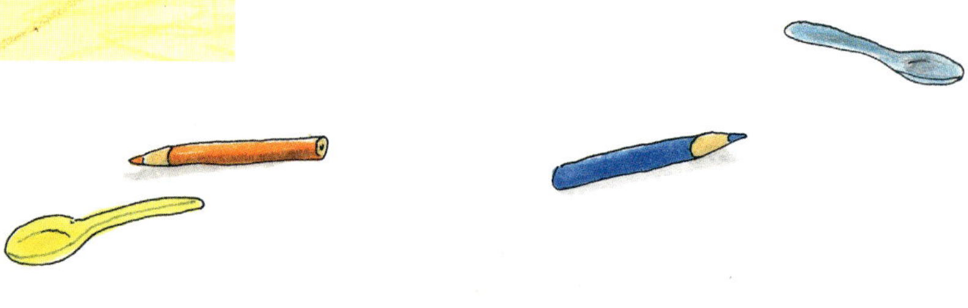

Frau Schnitzelblitz kauft ein

Alter: ab 5 Jahre

Frau Schnitzelblitz geht gerne einkaufen, aber leider hat sie die schlechte Angewohnheit, alles erst einmal anzufassen. Das Zimmer wird zum Supermarkt, die Kinder sitzen auf dem Boden. Frau Schnitzelblitz kommt durch die Tür, dreht eine Runde im Laden, wobei sie hier den Stuhl, dort die Tasse, links Peters Nase, rechts Lisas Ohrläppchen und viele Dinge mehr berührt, bevor sie wieder in Richtung Tür entschwindet. Aber der Ladeninhaber ist Frau Schnitzelblitz auf der Spur. Er muss alles genauso anfassen wie sie, aber vielleicht ein bisschen schneller. Sein Ziel ist nämlich, der unangenehmen Einkäuferin die Hand auf die Schulter zu legen, bevor sie wieder an der Tür angelangt ist. Schafft er das, darf er die nächste Einkäuferin bestimmen.

Zauberkraft

Alter: ab 5 Jahre

Ein Spieler verfügt über Zauberkraft, die anderen leider nicht. Sobald der Zauberer einen Mitspieler anbläst, fällt der langsam in sich zusammen. Der Zauberer pustet und pustet, bis sein „Opfer“ platt auf dem Boden liegt. Aber der Zauberer kann mit seiner Kraft auch das Gegenteil bewirken! Langsam saugt er wie mit einem Strohhalm den Spieler wieder hoch, bis der sitzt und schließlich wieder in voller Größe vor ihm steht. Schon toll, wenn man Zauberkraft besitzt!

Ein Spiel, das Einfühlungsvermögen verlangt, die Lungen kräftigt und vor allem aber Kinder zum Lachen bringt.

Der Wackelpudding

Alter: ab 3 Jahre

Ein kleiner Spieler liegt bäuchlings auf dem Bauch eines großen Mitspielers, der rücklings auf dem Boden liegt und zunächst ganz still hält. Dann verwandelt sich der Große plötzlich in einen riesigen Wackelpudding, der erst langsam, dann immer heftiger zittert und wackelt – so heftig, dass der Spieler, der auf dem Bauch liegt und sich nicht festhalten darf, ordentlich durchgerüttelt wird, vielleicht sogar abstürzt.

Die Bildhauer

Alter: ab 5 Jahre

Ein Spiel für zwei, vier oder sechs Kinder. Alle bilden Paare. Ein Partner verwandelt sich in einen Tonklumpen, der andere in einen Bildhauer, der den Tonklumpen bearbeitet. Zum Beispiel liegt Suse als zusammengekrümmtes Klümpchen Ton am Boden, Freund Georg bearbeitet den Ton: biegt und streckt Suses Bein, zieht ihren Arm in die Höhe. Das Spiel endet mit Gekicher. Die Kinder üben nicht nur ihre Gelenkigkeit, viel wichtiger: Sie genießen das gemeinsame Lachen. Eine entspannte Stimmung macht sich breit.

! Eltern-TIPP

Wild und verschmust

Zärtliche Körpererfahrungen helfen einem Kind, eine genauere Vorstellung von dem Wörtchen ICH zu gewinnen. Hat es in den ersten Lebensjahren eher eine ganzheitliche Vorstellung vom eigenen Körper (alles kommt aus dem Bauch), lernt es mit zunehmender Erfahrung Einzelnes zu unterscheiden: Mit zwei Fingern kann ich präziser zugreifen als mit der ganzen Hand, mit den Fingerspitzen feiner fühlen als mit der Fußsohle. Dazu kommt, dass sich die ganze Familie immer genauer kennen lernt. Beim Schmusen merken Eltern: Unser Söhnchen ist besonders kitzelig, oder besonders anschmiegsam. Auch ist er mehr am Toben interessiert als an sanften Zärtlichkeiten. Zunehmend fällt es ihnen leichter, Vertrauen in die Fähigkeiten ihres Kindes zu entwickeln. Wichtig: Einem Kind nie Zärtlichkeiten aufzwingen.

Spielend durch den Regenwald

Spiele im Regenwald

Duschen im Regenwald

Alter: ab 4 Jahre

Alle rennen im Wald herum und suchen sich nach einem Regenguss ein kleines Bäumchen für eine Tropfendusche aus. Die mutigsten Kinder stellen sich darunter und ein paar starke schütteln das Bäumchen – wie das spritzt!

Jedes Wetter hat seine Vorteile, es kommt nur auf die richtige Kleidung an – eine Erfahrung, die Kinder bei diesem Spiel sammeln können. Es tut ihnen gut zu erleben, dass sie nicht aus Zuckerguss sind, sondern richtig kernige Typen.

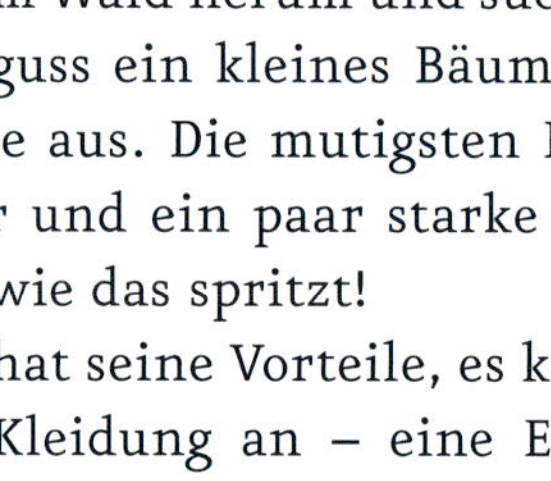

Dem Bären hinterher!

Alter: ab 5 Jahre

Ein Kind setzt zum Zeichen seiner Bärenwürde eine besondere Mütze auf den Kopf. So ein Bär kennt sich natürlich im Wald prima aus und deshalb folgen ihm alle Kinder durchs Unterholz. Der Bär macht uns auf Sehenswürdigkeiten aufmerksam wie: Farne, Beerensträucher, Pilze, Vogelnester und was es noch so zu entdecken gibt. Irgendwann gibt er dann die Mütze und damit die Bärenrolle an ein anderes Kind ab.

Eine Übung, die nicht nur den Gleichgewichtssinn schult und damit die gesamte Entwicklung puscht, sondern Kinder ermuntert, sich ihre Umgebung genau anzuschauen, einen Blick für die Kleinigkeiten am Rande zu entwickeln.

Sammelfieber im Regenwald

Alter: ab 4 Jahre **Material:** verschiedene Materialien

- Wer findet als Erster eine Feder?
- Wer findet zuerst einen Gegenstand, der nicht in den Wald gehört?
- Wer findet etwas Essbares?
- Wer hört ein Geräusch, das eigentlich nicht in den Wald gehört?
(Flugzeug, Auto, Motorsäge ...)
- Wer findet noch ein trockenes Plätzchen?

Solche und ähnliche Sammelaufgaben machen Waldspaziergänge für Kinder gleich wesentlich interessanter. Beim Spielen schärfen sich ihre Sinne und ihre Wahrnehmungsfähigkeit.

Der Familienbaumstumpf

Alter: ab 4 Jahre **Material:** großer Baumstumpf

Ein Kind stellt sich auf einen Baumstumpf und wünscht nacheinander alle Familienmitglieder und Freunde zu sich her: „Ein Platz ist hier noch frei, ich wünsch, der Papa käm' vorbei." Also stellt sich der Herbeigewünschte zum Kind auf den Baumstumpf. So wird weitergewünscht, wobei der Platz auf dem Baumstumpf langsam knapp wird. Aber vielleicht gelingt es ja doch, dass alle Spaziergänger wenigstens für einen Moment gemeinsam auf dem Baumstumpf stehen. Wer hält wen fest?

Umsicht und Geschicklichkeit sind hier gefragt. Drängler haben keine Chance, vorsichtige Balance-Akrobaten schon eher.

Kröte mit Flöte

Alter: ab 4 Jahre **Material:** Flöte

Während die Kinder am Waldrand warten und gemeinsam ein Lied singen, versteckt sich die Kröte nicht allzu weit entfernt im Wald und beginnt, leise auf ihrer Flöte zu spielen. Ist das Lied zu Ende, lauschen alle gespannt in den Wald, sausen dann los und suchen nach der flötenden Kröte. Wer sie zuerst entdeckt, darf sich als nächste Kröte verstecken.

Es erfordert Mut von einem Dreikäsehoch, mutterseelenallein und suchend durch den Wald zu marschieren – selbst wenn man weiß, dass sich Mitspieler in der Nähe aufhalten.

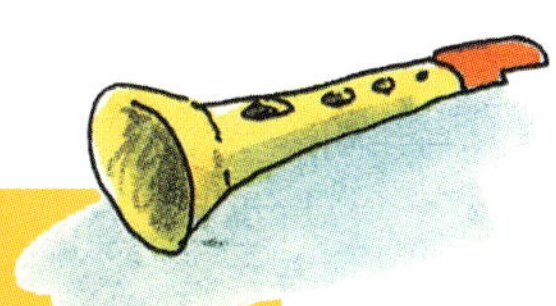

! Eltern-TIPP

Wichtig: Das Vorbild der Eltern

Haben die Erwachsenen bei jedem Windhauch und Regenguss Sorge, sich eine Erkältung einzufangen, müssen sie sich nicht wundern, wenn ihre Kinder in ihre Fußstapfen treten und ebenfalls nicht gerade wild darauf sind, bei Wind und Wetter draußen herumzutoben. Wer sich dagegen gerne den Wind um die Nase blasen lässt, regensicher mit Gummistiefeln und Wetterjacke ausgerüstet auch bei miesem Wetter draußen sein mag, wird auch seine Kinder leichter in Bewegung bringen können.

Wo Milch und Honig fließen

Ideen für pfiffige Mahlzeiten

Das Regenwetter-Picknick

Alter: ab 4 Jahre **Material:** Picknickausrüstung

Gerade wenn es draußen stürmt, regnet oder schneit, ist ein Familienpicknick ein willkommenes Vergnügen. In der Wohnung wird an einer geeigneten Stelle eine große Picknickdecke ausgebreitet. Alle essen von Campinggeschirr und genießen das ameisenfreie, mückenlose Zusammensein. Ein Spiel gegen die Langeweile.

Aufgeweckte Kinder sind begeistert, wenn der normale Trott mal durchbrochen und ihre Kreativität angeregt wird: Durch welche besonderen Aktionen könnte man anschließend noch mehr Farbe in einen grauen Regentag bringen?

Der Tischabräumdetektiv

Alter: ab 4 Jahre **Material:** Augenbinde

Wenn der Tisch bereits von allen zerbrechlichen und gefährlichen sowie gefährdeten Gegenständen befreit ist und nur noch Dinge wie Löffel, Brot, Thermoskanne, Tomaten etc. auf dem Tisch sind, werden dem kleinsten Spieler die Augen verbunden. Er hat sich die verbliebenen Gegenstände genau angesehen und darf sie jetzt auch noch mal zur Sicherheit abtasten. Dann nimmt ein Mitspieler einen Gegenstand weg und das Kind soll durch Abtasten der übrigen Gegenstände herausfinden, was fehlt. Große Kinder können natürlich auch mitspielen, aber für sie wird das Spiel schwieriger: Bevor der Gegenstand entfernt wird, werden alle Dinge auf dem Tisch umgestellt. Ein Wahrnehmungsspiel, das viel Konzentration erfordert.

Der Klingelbeutel

Alter: ab 5 Jahre **Material:** Küchenwecker, Beutel

Wer bekommt das letzte Stück Gurke? Wer darf Papas Nachtisch essen? Für solche und ähnliche Fragen brauchen wir einen Küchenwecker und einen Beutel. Der Wecker wird so eingestellt, dass er etwa zwei oder drei Minuten später klingelt. Dann steckt man ihn in den Beutel und lässt diesen reihum weiterreichen. Wer das Glück hat, dass er den Klingelbeutel in der Hand hält, wenn der Alarm losgeht, ist Sieger. Keine Bange, die Unruhe begrenzt sich auf die letzten Minuten der Mahlzeit – erst jetzt versucht jeder geschickt zu taktieren, um ans Ziel seiner Wünsche zu kommen.

Das Rosinenwort

Alter: ab 7 Jahre **Material:** Zettel und Stift

Ein Spieler überlegt sich ein langes Geheimwort, zum Beispiel REGENMANTEL, schreibt es auf ein Blatt Papier und lässt zwischen den Buchstaben immer ein bisschen Platz. Dann legt er über jeden Buchstaben eine Rosine. Jetzt kommen die Mitspieler zum Tisch und dürfen abwechselnd nach Buchstaben fragen. Einer fragt vielleicht: „Ist in dem Wort ein E?“ Der Spieler denkt kurz nach und deckt dann jedes E/e in dem Wort auf. Die weggenommenen Rosinen bekommt der Frager. Dann ist der Nächste an der Reihe. Er fragt vielleicht nach dem Buchstaben „S“. Da im Wort kein S/s vorhanden ist, geht er leer aus und der nächste Spieler stellt seine Frage. Wer das Wort schließlich errät, bekommt die restlichen Rosinen.

Das Wunderwurstbrot

Alter: ab 3 Jahre **Material:** Wurstbrot

Wunderwurstbrote gibt es natürlich nicht jeden Tag. Wer ein Wunderwurstbrot bekommt, hat Geburtstag oder liegt krank im Bett, hat eine gute Tat begangen oder braucht ganz speziellen Trost: Eine Scheibe Brot wird mit Leberwurst bestrichen und mit einem scharfen Messer in viele kleine Stücke zerschnitten. Dann hält man die Teile mit einer Hand zusammen und verstreicht noch einmal die Leberwurst. So sieht das Brot wie ein gewöhnliches Wurstbrot aus, zerfällt aber plötzlich wie von Zauberhand in seine Einzelteile. Ein Zaubertrick, der kleine Kinder staunen lässt.

! Eltern-TIPP

Von der Gier nach neuen Reizen

Lebensfrohe, quicklebendige Kinder sind dauernd auf Abwechslung, auf neue Reize aus. Viele Eltern, Erzieher, Lehrer beklagen inzwischen, dass sie deshalb unkonzentriert sind: von Aufgabe zu Aufgabe flatternd, schnell die Geduld und das Interesse verlierend. Konzentration ist nicht zu erzwingen, aber durch ein bewusstes Schulen der Sinne lässt sich langfristig gegensteuern – zum Beispiel durch solche Spiele:

- *Die Augen schließen und ganz bewusst schmecken. Ältere Kinder können versuchen, genau zu beschreiben, welche Speise, welches Getränk wie schmeckt.*
- *Mit geschlossenen Augen herausfinden, was ich gerade esse, während mich ein Mitspieler füttert.*

Unter die dicke, warme Decke schlüpfen

Kuschelspiele, wenn's draußen stürmt und regnet

Die Kribbel-Krabbel-Kuschelburg

Alter: ab 4 Jahre **Material:** Decken, Kissen, Tücher, Polster

Mitten im Zimmer wird aus Kissen, Polstern und Decken eine Kuschelburg aufgebaut. Dort kann man sich verkriechen, verstecken und von anderen suchen lassen. Spannend wird es, wenn man sich ganz oben auf die Kissenburg legt und die Mitspieler allmählich einen Baustein nach dem anderen aus dem weichen Gemäuer ziehen. Ganz mutige Kinder stellen sich mit dem Gesicht zur Burg und lassen sich einfach fallen. Oder wir spielen „Prinzessin auf der Erbse". Der Spielleiter schiebt eine Nuss in den Bezug eines Kissens. Dann kommen die Kinder ins Zimmer, stürzen sich in die Kuschelburg und suchen nach dem unbequemen Gegenstand.

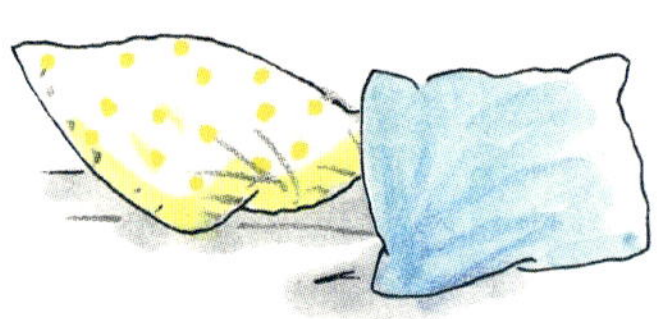

Wettervorhersagen und anderer Unsinn

Alter: ab 7 Jahre

Schon immer wollten die Menschen gerne wissen, wie das Wetter am nächsten Tag sein wird. Deshalb haben sie ganz genau die Natur beobachtet und, damit man sich die Erkenntnisse besser merken kann, kleine Reime gedichtet, zum Beispiel: „Mairegen bringt Segen." Oder: „Gibt's im Juni Donnerwetter, wird im Herbst die Ernte fetter."
Jetzt ist unsere Reimzeit gekommen! Wir dichten einfach, was das Zeug hält: „Scheint die Sonne heiß im Juli, trag ich selten einen Pulli." Oder: „Fällt im Januar viel Schnee, trink ich abends gerne Tee." Eine Herausforderung für Sprachkünstler und kreative Geister.

Komm unter meine Decke!

Alter: ab 4 Jahre **Material:** große Decke

Ein Spiel für drei bis fünf Spieler. Über einem Kind, das auf dem Boden sitzt, wird eine große Decke ausgebreitet. Nach einer Weile ruft es: „Mein Deckenhaus ist viel zu leer, drum wünsch ich mir ... den Peter ... her!" Sofort krabbelt der Peter zum ersten Spieler unter die Decke und wünscht sich nach einer Weile ein weiteres Kind. Auf diese Weise wird's unter der Decke immer enger und schön kuschelig, bis schließlich alle unter der Decke versammelt sind.

Verwandlung im Deckentunnel

Alter: ab 5 Jahre **Material:** große Decke

Eine Decke liegt ausgebreitet auf dem Boden. Ein Kind krabbelt langsam von einer Seite zur anderen unter der Decke hindurch und erscheint am Ende des Deckentunnels in neuer Gestalt, denn jetzt läuft es auf allen vieren durchs Zimmer, bellt, hebt das Bein und knurrt die Mitspieler an. Zum Glück sagt da gleich jemand das Entzauberungswort, in unserem Fall „Hund", und beendet damit vorerst die Verwandlung. Der nächste Spieler erscheint vielleicht als Roboter, als Gespenst, als Schaukelstuhl oder schleicht als Indianer aus dem Deckentunnel. Nicht zu glauben, wie viel Zauberkraft in einer ganz normalen Decke steckt!

Hügellandschaften

Alter: ab 4 Jahre **Material:** große Decke, viele Kissen

Ein Spiel für zwei. Der eine Spieler breitet Kissen und Tücher auf dem Boden aus, legt sich selbst zusammengekringelt und mucksmäuschenstill dazu und bittet einen Zuschauer, über das Ganze eine Decke zu breiten. Der zweite Spieler rutscht auf Knien um die Deckenlandschaft herum, tippt hier und da auf einen „Hügel" und versucht herauszufinden, wo sich sein Mitspieler versteckt. Ist nicht doch eine klitzekleine Bewegung zu sehen? Ein Spiel, das von dem einen Vorausschau und Selbstbeherrschung verlangt, von dem anderen Konzentration und genaues Hinschauen.

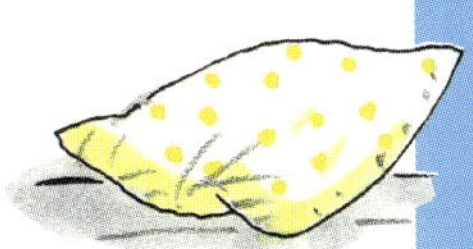

Eltern-TIPP

Bewegung ja – aber das geht auch leise

Um den Zorn anderer Mitbewohner zu vermeiden, bleibt Eltern oft nichts anderes übrig, als ihr Kind in der Wohnung in seinem Bewegungsdrang zu stoppen: „Sei leise, sonst bekommen wir Ärger!" Eine Alternative zum Ermahnen und Bremsen: Bewegungsspiele anregen, die wenig Lärm machen – zum Beispiel:

- *Schnell wie eine Maus über einen Berg aus Kissen, Decken und Polstern krabbeln.*
- *Handtücher jeweils im Abstand von 50 Zentimetern auf den Boden legen. Dann von Handtuch zu Handtuch kriechen, ohne den Boden zu berühren.*
- *In eine Decke gehüllt von einer Zimmerecke zur anderen rollen.*

Nachts, wenn der Regen ans Fenster klopft

Rituale zur Entspannung und zum Tagesausklang

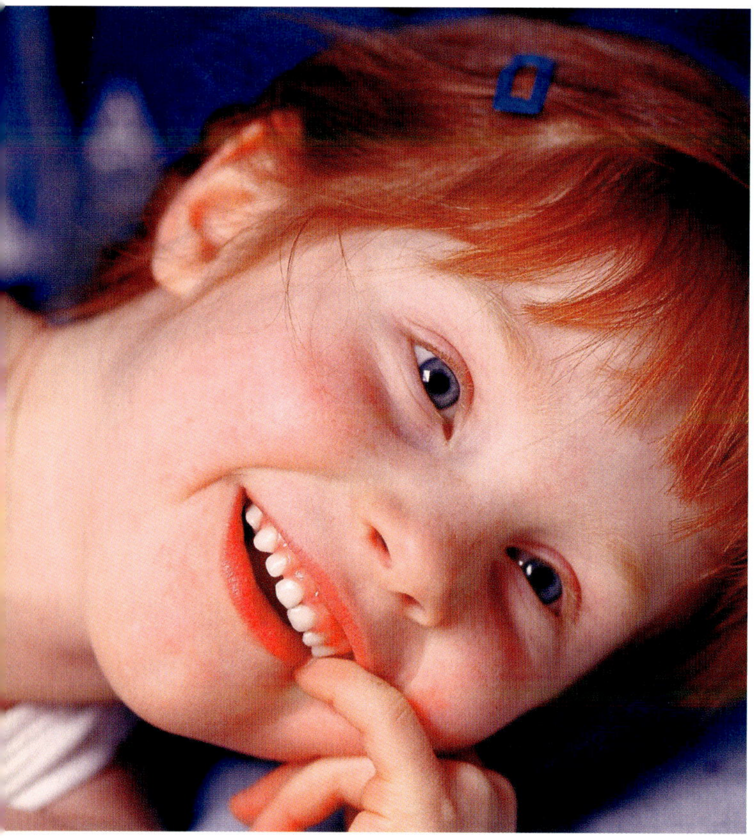

Wenn ich ein Vöglein wär ...

Alter: ab 5 Jahre

Wer mit auf die folgende Fantasiereise gehen will, steht mit ausgebreiteten Armen am Fenster und denkt ans Fliegen, träumt von rosa Flügeln, an den Spitzen hellgelb, aus hundert Federn gewebt – von Flügeln, die bis zu den Knöcheln reichen und leicht wie dünnes Tuch sind, die man weit ausbreiten kann ... Und dann segelt man durch die Lüfte und sieht auf eine Landschaft mit vielen Seen herab ... Wer hat vor dem Einschlafen noch Lust zu solch einem fantasievollen Gedankenflug?

Den Tag in Gedanken abspulen

Alter: ab 5 Jahre

Aufgabe dieses Spiels: Kinder zum Reden bringen. Mit ihnen abends über den vergangenen Tag sprechen, über ihre Stimmungen, ihr Befinden – darüber reden, was sie erfreut oder geärgert, fröhlich oder traurig gemacht hat. Solch ein abendliches Gespräch schafft nicht nur Nähe und Vertrautheit, sondern fördert dazu die Konzentrationsfähigkeit, weil es Klarheit im Kopf schafft, hilft, Überflüssiges ad acta zu legen. Für ältere Kinder: Den Tag beim Erzählen rückwärts abspulen lassen.

Eine Variante: Anschließend den morgigen Tag in Gedanken durchgehen.

Konzentrationsspiele, die ein Kind nicht unnötig aufputschen, sondern beruhigend wirken und müde machen.

Und zum Schluss einen Apfelkuchen backen

Alter: ab 4 Jahre

Aus dem Kinderrücken wird eine Arbeitsplatte, auf der Teig hergestellt wird:

– Mehl auf die Arbeitsplatte geben: Den Rücken streicheln.

– Ein Ei zugegeben und Zucker: Mit den Fingern auf den Rücken trommeln.

– Den Teig verrühren: Mit einem Zeigefinger auf dem Rücken kreisen.

– Den Teig verkneten: Den Rücken massieren.

– Den Teig ausrollen: Mit dem Unterarm über den Rücken fahren.

– Den Teig mit Äpfeln belegen: Mit den Fingern auf dem Rücken spazieren gehen.

– In den Ofen schieben und backen: Mit der Handfläche den Rücken warm reiben.

Der Weg zur Schule

Alter: ab 6 Jahre

In Gedanken Schritt für Schritt einen bekannten Weg gehen – zum Beispiel den Schulweg oder auch den Weg zum Kindergarten: „Wenn ich aus der Haustür trete, gehe ich auf dem Gehweg nach links bis zum Bäcker an der Ecke. Dann warte ich an der Ampel. Zeigt die Ampel grün, dann …“

Ein anspruchsvolles Gedankenspiel – oft fällt es schwer, konzentriert dabeizubleiben. Viele Mitdenker springen unterwegs ab und schlafen ein.

In die Kerze träumen

Alter: ab 4 Jahre **Material:** Kerze

Vor dem Gute-Nacht-Sagen eine Kerze ans Bett stellen. Dann ganz still noch ein Weilchen gemeinsam ins Kerzenlicht träumen. Die Gedanken einfach kommen und gehen lassen – nichts tun. Nicht reden. Nicht denken. Die Kerze anschließend gemeinsam auspusten. Erstaunlich, wie das Kerzenlicht quengelige Kinder in entspannte Zeitgenossen verwandelt. Eine Kurzkur für Unruhegeister, die schwer abschalten können.

! Eltern-TIPP

Jedes Kind hat sein eigenes Entwicklungstempo

Kein Kind entwickelt sich nach „Schema F“ oder genau gleich wie ein anderes. Das eine entfaltet seine Fähigkeiten schnell, ist ein richtiger Frühstarter; das andere legt ein bedächtiges Tempo an den Tag, ist ein typischer Spätentwickler. Deshalb ist es auch unsinnig, Kinder im gleichen Alter miteinander zu vergleichen: Kann Mäxchen schon bis zehn zählen wie Ute? Traut sich Moritz allein auf die Schaukel wie Nachbars Marie? Aufgabe der Eltern bleibt es in jedem Fall, die Entwicklung ihres Kindes zu begleiten, zu unterstützen und ein wachsames Auge darauf zu haben.

Almuth Bartl ist Pädagogin mit langjähriger Berufserfahrung, Mutter von vier Kindern und Leiterin verschiedener Kinder- und Jugendgruppen. Sie gehört zu den Erfolgsautorinnen im Bereich Kinderbeschäftigung.

Cornelia Nitsch ist Journalistin mit langjähriger Berufserfahrung und Mutter von vier Kindern. Sie gehört zu den erfolgreichsten Autorinnen im Bereich Elternratgeber und Familie.

Impressum

www.christophorus-verlag.de

Printed in Germany

ISBN-13: 978-3-419-53251-5
ISBN-10: 3-419-53251-2

Texte und Bilder in leicht abweichender Form 2004 unter dem Titel „Tolle Schlecht-Wetter-Tage mit Powerkids“ erschienen.

Lektorat: Martin Stiefenhofer

Illustrationen: Detlef Kersten

Coverfoto: Ulrich Niehoff

Fotos:
Ursula Markus: Seite 32
Ulrich Niehoff: Seite 30
Miguel Perez: Seiten 8, 16, 26, 42, 48
Heidi Velten: Seiten 6, 14, 34, 38, 44, 58

Umschlaggestaltung: KOSCH Werbeagentur, München

Gesamtproduktion: Uwe Stohrer Werbung, Freiburg

Hersteller: Himmer, Augsburg 2006

Hier zeigen wir Ihnen eine Auswahl unserer beliebten und erfolgreichen Bücher – und wir haben noch viele andere im Programm. Wir informieren Sie gerne, fordern Sie einfach unser Verlagsprogramm an:

Bücher für ErzieherInnen, Eltern und Kinder
Bücher für Eltern und Familie
Bücher für Kinder
Bücher für Ihre Hobbys

Wir sind für Sie da, wenn Sie Fragen haben. Und wir interessieren uns für Ihre eigenen Ideen und Anregungen. Faxen Sie, schreiben Sie oder rufen Sie uns an.
Wir hören gerne von Ihnen!

Ihr Christophorus-Verlag

CHRISTOPHORUS

Hermann-Herder-Straße 4
79104 Freiburg i. Breisgau
www.christophorus-verlag.de
Telefon: 0761 / 2717 - 268 oder
Fax: 0761 / 2717 - 352